CTV 考古中国 Archeological Investigation in China

祖先之谜

CCTV《走近科学》编

ZU XIAN ZHI MI

上海科学技术文献出版社

图书在版编目（CIP）数据

祖先之谜/CCTV《走近科学》编．—上海：上海科学技术文献出版社，2012.1
(CCTV考古中国)
ISBN 978-7-5439-5155-6

Ⅰ.①祖… Ⅱ.①C… Ⅲ.①考古—中国 Ⅳ.①K87

中国版本图书馆CIP数据核字(2011)第266880号

责任编辑：张　树　李　莺
封面设计：钱　祯
文字加工：刘冬梅　姚雪痕　走　走　陆　艳
注释内容：走　走

CCTV考古中国·祖先之谜
CCTV《走近科学》　编
出版发行：上海科学技术文献出版社
地　　址：上海市长乐路746号
邮政编码：200040
经　　销：全国新华书店
印　　刷：常熟市华顺印刷有限公司
开　　本：787×1092　1/16
印　　张：10.75
字　　数：202 000
版　　次：2012年1月第1版　2012年1月第1次印刷
书　　号：ISBN 978-7-5439-5155-6
定　　价：28.00元
http://www.sstlp.com

目录

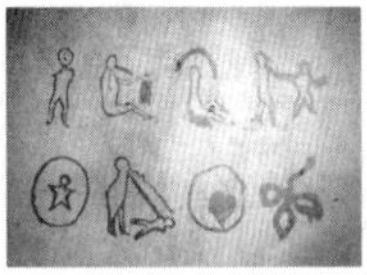

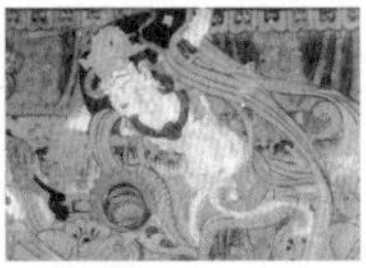

追踪祖先的脸谱

辽宁省丹东市后洼遗址位于辽东半岛东部，距离黄海仅15千米。20世纪七八十年代，村民下地劳作时在这一带经常挖出陶罐、陶片，引起了有关部门的注意，辽宁省考古研究所开始对这里进行保护性发掘。

壹

神秘的雕塑

>>妇好墓出土的司母辛大铜方鼎

辽宁省丹东市文史学者任鸿魁曾参加过这里的发掘，据他回忆，后洼遗址分上下两层，下层的年代距今约6 000年，上层约5 000年，是一个新石器晚期的原始部族聚居村落，那些奇怪的石刻、雕塑就出自村落的房址之中，共数十件之多。

任鸿魁介绍说，发掘的房址是圆形的，面积比较大，直径大约八九米，半地穴式，挖到地表以下1米左右，就是烧灰层。整个小台地上，遍布遗址，下层共发现了33座遗址。

>>妇好墓出土的大型铜钺

集中发掘出数十件头像脸谱，令考古学家们惊喜万分。兴奋之余，主持考古的专家许玉林，对这些形态怪异的雕塑却百思不得其解。几十年从事考古见过不少史前遗址，像后洼这样，在一个小村落中集中出现几十件雕塑，却是绝无仅有的。这些形态怪异的雕塑究竟携

妇好： 妇好，商朝国王武丁的妻子，中国历史上有据可查（甲骨文）的第一位女性军事统帅，曾率军平定了鬼方、羌方、土方等地，同时她也是一位杰出的女政治家。

>>妇好墓出土的妇好大铜方斝

带着怎样的远古密码、暗含着什么奥秘玄机呢？

许玉林想，这些雕塑都是远古祖先的艺术创作，可以请艺术家来参与评定。于是，他把这些雕塑带到北京，请中央美术学院的画家、雕塑家们帮助辨认。

王振山（丹东市文史学者）：这些雕塑让美术学院的教授、专家们大为吃惊，他们感到这些雕塑像是天外之物，大气的刻工给人一种超现实的感觉。

手法朴拙抽象，并不意味着雕刻技法低下。这些雕塑略去细节，简朴概括，有一种超然大气的生动，是艺术家眼中的天籁之物。其中一尊后洼下层出土的陶塑雕像，屈身、阔口、大眼、有角，许玉林无法判定它是猪还是兔。

王振山：老师们都非常激动，说你千万不要认为这是兔子，这件作品一定是龙。

在中国，龙是由多种动物结合的崇拜物：鹰爪鳄首，鹿角蛇身，上天入地，无所不能。据考古发现，龙的形象最早出现在河南濮阳的古墓中，它用蚌壳堆塑而成，距今约6 700年。在距今5 000多年的红山文化遗址中，也出土过多个玉雕的猪龙。此外，历代以龙为天子化身的形象更是不计其数。而后洼这只陶塑雕龙虽然与红山玉猪龙有些相似，但它没有长长的身体，只是头上长角、身上有鳞，造型显得更原始拙朴。如果它真是龙，仅比最早的濮阳蚌壳堆塑龙晚数百年，是最原始的中华陶塑雕龙。

贰

是图腾崇拜，还是与祭祀有关

后洼出土的雕塑在学术界引起了很大轰动，除了认为它们是图腾崇拜，也有学者认为这与祭祀有关，还有人认为这是原始艺术的滥觞。看法虽然不尽相同，但对后洼文物，学者们都给予了极高的评价。他们认为，丹东地区和黄河流域以及发现红山文化的辽河流域一样，也是中华文明的发祥地之一。著名考古学家夏鼐曾兴奋地说，“我一辈子考古未出关，这次要走出山海关了”。

就在后洼考古向纵深进展的时候，事情却出现了意想不到的变故。1991年，主持考古的许玉林突然离开了人世。由于遗址的发掘主要由他研究整理，他的离世，使研究骤然中断，后洼考古渐渐归于沉寂。

后洼出土的这些雕塑大的不过巴掌可握，小的只比拇指略粗，如此玲珑细巧，出乎人们的想象。然而，它们有的横眉竖目，有的张口露牙，看上去的确诡谲神秘，令人好奇。除了人像，后洼出土的虎、猪、鸟、鱼、虫等多种动物形象，也非常奇特。6 000年前的祖先创作它们，如果与图腾有关，这么多形象，哪一个是他们的图腾？如果与祭祀有关，祭祀的对象为何如此之多呢？

刘桂腾：当地民间有一种古老的祭祀活动，它与后洼这些雕塑具有一脉相承的关系，其中就藏有解开谜题的线索。

在一段采制于二十多年前的珍贵录像中，老艺人表演的正是这种古老的祭祀，叫萨满跳神。萨满来自通古斯语，意思是巫或者是通灵晓事、与神灵沟通的使者。萨满祭祀主要流传于中国北方的鄂温克族、蒙古族、满族等少数民族中间，因为多为渔、猎、游牧民族所信奉，远离喧嚣人群，深居于山林、草原，许多原始自然的特性得以留存，多年来人们对神秘的萨满始终保有浓厚的兴趣。

对于古老的萨满祭祀与距今6 000年前的后洼雕塑之间有什么联系，丹东市文化局学者刘桂腾有着独到的见解：萨满信仰，我们见到的最早形象应该是新石器时代的岩画，这些岩画是我们目前能够见到和可考的出现萨满祭祀行为、形象的最早资料。后洼遗址，产生在6 000年前，这个时期正属于新石器时代。

刘桂腾是研究中国萨满的知名学者。他认为，虽然目前萨满祭祀的起源有史可查的年代可以追溯到女真人时期，但事实上，萨满的起源远比史料记载的要久远得多，在新石器岩画上就留有清晰的印记。除了产生的年代吻合，从萨满浓厚的原始宗教信仰中，也可以找到它与6 000年前后洼之间的联系。

刘桂腾：萨满跳神，它的哲学基础就是万物有灵观。它和其他宗教绝对不一样，伊斯兰教有穆罕默德、佛教有释迦牟尼，而萨满的信仰体系，是一个开放的万神殿。

萨满祭拜的神灵有自然神、动物神和祖先神三大类。

>>妇好墓出土的玉簋

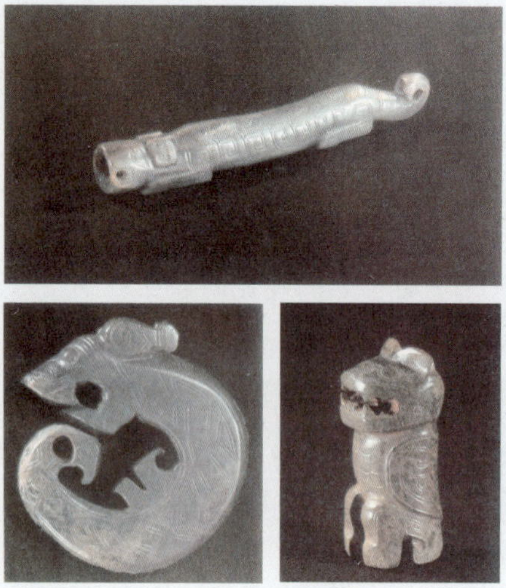

>>妇好墓出土的玉龙、玉怪鸟和玉虎

自然神包括日月、山川、树木等；动物神则包括飞鸟、牛马等。这种拥有庞杂神灵的崇拜体系，正好与后洼出土的多种不同雕塑吻合。刘桂腾认为，最能说明两者联系的，是在一些崇尚萨满的地区，至今还保留的携带和佩戴神偶的习俗。

刘桂腾：实际上就是护身符，普通人用它做护身符，而萨满把它作为辅助神来使用，科尔沁蒙古族人还在使用这种神偶。

那时生产力水平极低，先民们无法探寻自然，在凶悍的猛兽和险恶的自然环境面前，他们无能为力，因而对未知的世界充满神秘的臆测。在他们的意识中，日月、山川、鸟兽、树木等都和人一样拥有生命、拥有灵魂，认为对自然万物虔诚膜拜，能带来心灵的慰藉。这便是原始宗教形成的原因，也是原始信仰被学者称作“开放的万神殿”的缘由。原始宗教成为那时人们最重要的精神支柱。

>>妇好墓出土的玉人

在这些原始宗教信仰中，人们常说的图腾崇拜又如何解释呢？

宋兆麟（国家博物馆研究员）：图腾信仰应该是母系社会的东西。但并不是所有动物都是图腾，只是这种动物与人类最密切，很可能是想象为祖先的动物，才是图腾。

图腾来自北美印第安部落的方言，意思是“他的亲族”，也就是图腾崇拜物与氏族之间有一定的血缘亲族关系，它是母系氏族社会人们崇拜的

>>妇好墓出土的玉戈

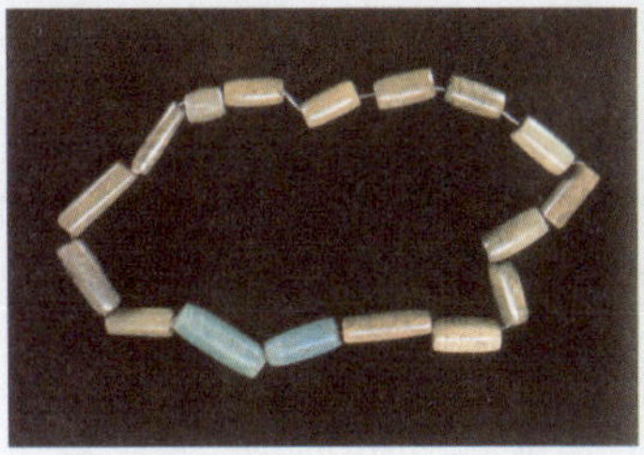

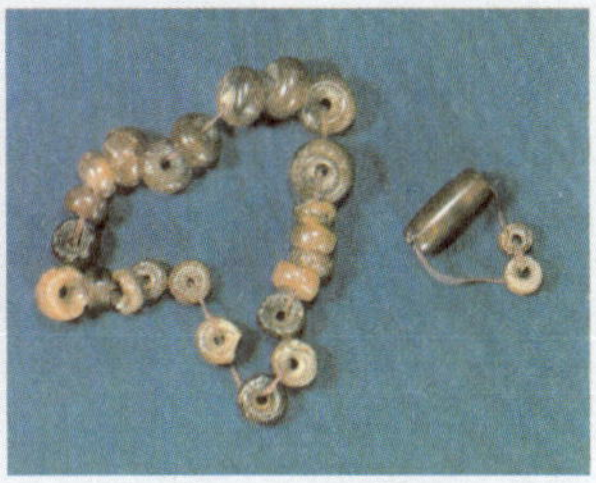

>>妇好墓出土的玉珠和玛瑙珠

>>司母辛铜四足觥

祖先保护神。

宋兆麟：商代相信玄鸟是它的图腾。传说它的女祖先去洗澡，吃了鸟蛋就怀孕了，那时是知其母不知其父。

人类社会曾经历过漫长的母系氏族社会，直到4 500年前，才进入父系社会。在母系社会，女性执掌权力，氏族的繁衍生育，也完全由女性承担，孩子知其母而不知其父。对祖先的模样只凭借朦胧的传说和想象，因而在世界各地都有图腾崇拜现象。除了“玄鸟生商”的故事，类似的传说记载还有很多。比如人首蛇身交缠在一起的中华始祖伏羲、女娲、牛首人身的神农炎帝、狗首人身的瑶族祖先盘瓠等，人兽同体交合，具有明显的图腾特征。

宋兆麟：不是古代的一种动物就是图腾，图腾应该是与人有血缘关系，或者通俗地说就是人类的一个祖先，因为在远古社会，祖先只有女性没有男性。

后洼出土的种种雕塑中，哪一个才是这个氏族部落共同拥有的图腾？对此，学者们看法不一。有人认为酷似玉猪龙的陶塑雕龙是后洼的图腾；也有学者则认为，据神话传说和文献记载，中国沿海自古就对鸟类怀有特殊的情感，大多信仰鸟图腾。后洼位于滨海平原上，距离黄海仅15千米，他们的图腾应该是鸟而不是龙。

学者们从后洼众多的雕塑中，真的发现了一件极其特殊的人鸟同体石雕。这件石雕正面是一个人像，额上横线象征缠头或斜向发髻，张口露齿，眼睛呈柳叶形。石雕的背面是一个回首张望的鸟形，它同伏羲女娲人首蛇身、炎帝牛首人

>>陶塑雕龙

>>形态各异的陶塑

>>妇好鸮尊

身一样，都是图腾神话的形象，因而这件人鸟同体雕像被一些学者确认为后洼原始村落的图腾。

而另一件陶塑雕像，正反两面分别刻着不同的脸谱，正面表情严肃，嘴的周围刻有胡子。背面只刻着一上一下两只眼睛和一张嘴，整个表情显得妩媚可爱，像个女子。学者们认为这是男女同体交合的形象，带有原始巫术的色彩。

宋兆麟：巫术，简单地说，就是用幻想的方法来解决实际的问题，表现现实问题。

河南殷墟妇好墓的玉质雕像，正反两面雕有男女裸体。在一柄青铜剑上，也铸有男女裸体人像，专家认为，它们和后洼的男女同体雕塑一样，都是祈求氏族生殖繁衍的原始崇拜。

由于后洼遗址的发掘不像仰韶或红山等史前文化的数量那么庞大，因而缺少可供比对的相同文物，目前对它的探寻大多仅凭推测，未解的谜题还有很多。那件人像雕塑，大大的圆眼，和现代人虚拟想象的外星人颇为相似，是古人真的见过外星人，还是另有什么奥妙玄机？至今也没有令人信服的解释。

在后洼出土的各种奇怪文物中，丹东文史学者王振山收集到一个带有细孔的装饰骨珠。这个骨珠上的细孔，小得只有从电线中抽出的纤细金属丝才能勉强穿透。如果它真是后洼时代的作品，在没有出现金属工具的远古，祖先们借助什么来加工穿透呢？一方面是生产力水平极其低下，另一方面又有如此精细的创造，远古的后洼人真是太不可思议了。

目前，学者们普遍认为，应该有一个最权威的代表后洼文化的中心尚未发现。如果能找到这个中心，那时这些悬谜或许有可能解开。但这些来自6 000年前的雕塑，已为我们清晰传递出远古祖先抓住事物本质的概括能力。正是这种超凡的能力，促进了后来文字的出现和文化的演变。

>>妇好铜偶方彝

>>妇好铜三联甗

根起河洛

“故乡啊，我们回来了，回到了您的怀抱！”声声发自肺腑的呼唤，深深震撼着全世界1.2亿客家人的心灵。

壹

客家人从哪里来

中国源远流长的历史长河中，移民现象始终相伴相随，客家人是移民中形成的特殊群体。由于客家人行走天下，遍及全球，因而有“东方犹太人”之称。然而客家民系自诞生之日起，犹如团团迷雾，一直是学术界争论不休的话题。

一种观点认为“客家”一词是“河洛”的音变，客家是相对于当地原住民而言，先到为主，后来为客。

“河洛”即指黄河与洛水相交汇的地方，这里是客家人发源地的核心，也是他们祖先最初的家园。

洛水发源于陕西华山南麓的兰田县，它由西南而来，流至郑州辖区内的巩义后，与西来东去的黄河相交汇。这里水面浩瀚，黄白两水相互裹挟形成巨大的漩涡，犹如一幅天然“太极图”。民间传说此处就是伏羲“观河水东流，察日月交替，思寒暑循环，构演太极八卦”的地方，神秘的“河图洛书”就出自于此。

北京大学城市与环境管理学院教授于希贤说，河图洛书形成的时间非常早，它的出现是先人观察大自然，近取诸身、远取诸物得到的结果。表现的哲理是大自然、生物界、人类社会、天地人之间都有根本规律，这个根本规律就是事物的统一性和多样性的结合，归结为两张图：河图、洛书。这是中国人世代相传形成的变化万千的魔方。

“唯唯客家，系出中原，根在河洛”。所谓的“客家”的源头在大河之南、伊洛水

黄遵宪： 字公度，别号人境庐主人，晚清诗人，著有《人镜庐诗草》《日本国志》《日本杂事诗》。

及嵩山周围一带。

毋庸置疑，客家人就是夏、商、周三代的后裔，是炎黄子孙。夏、商、周这三代，是我国奴隶制自起始期到全盛期的阶段，也是百家姓得以发展的重要阶段，而其中夏、商两个朝代的中心区域都在河洛地带。“客家”人实际上是以河洛地区为中心，迁徙到闽、粤、赣三省交界处的中原人。

贰

迁徙是一部流亡史

当年南迁的中原难民大多数渡过黄河，沿着颍水、汝河、淮河南下，经汝颍平原到达长江沿岸，散落于江淮一带和太湖、鄱阳湖之间。其中相当一部分沿长江继续南下，最后辗转迁入闽粤赣交界地区。他们举族而走，原想待战事平息后再归故土。不承想历史在河南几度洗牌后，给他们留下的竟是缠绵的寻根絮语：“本是河洛郎，祭拜河南堂”。

>>河洛图雕塑

>>贾湖龟甲组合

文献记载，中原大地曾遭受无数次重大劫难，或天灾，或战争，人祸大于天灾，这些劫难险些致华夏文明堕入死亡之门。

西晋末年，晋武帝死后，皇族之间争夺政权，揭开了连绵16年的“八王之乱”序幕。八王之乱后，匈奴贵族刘渊乘中原内乱，率5万大军呼啸而来，大举南侵，其势力迅速扩大到了黄河以北。公元311年，匈奴人在宁平城即今天的河南鹿邑西南歼灭晋军10万余人，并攻克京师洛阳，大肆杀戮王公士民3万多人，史称“永嘉之祸”或“五胡乱华”。

到了公元316年匈奴占领长安，晋元帝南迁时，大批中原百姓、皇室与门阀贵族、士大夫为逃避战乱杀戮，成家族的相随南逃，史称“衣冠南渡，八姓入闽”。衣冠南渡即中原人向南迁徙；入闽八姓，指林、陈、黄、郑、詹、邱、何、胡。除此，还有王、刘、谢、袁等望族大姓，自黄河以南的河洛一带迁往闽粤。

这次移民达百万之众，占当时中原人口的五分之一，声势之浩大，其景之惨烈，惊天地泣鬼神。

永嘉五年，流民杜经弢聚众起事，反抗西晋政权的压迫，结果8 000流民被官军沉杀于长江中。

客家人的迁徙是一部流亡史、血泪史。他们闯过一道道死亡之门，沿途留下一串串血染的足迹。他们是“政治难民”，也被称为“灾荒流人”。

>>安徽含山玉片

可以说，客家精神与文化的渊源正是形成于历史上那数次艰难迁徙的过程中，那是一个痛苦迷茫的过程，谁也不知道要到哪里去，要去的地方到底还有多远。伴随着沿途原土著居民的挤迫，他们流离失所，始终处在饥寒交迫之中。

这一历史的行程，最终以中原汉人定居岭南而宣告结束。华夏文明的火种也随着南迁的步伐洒向了大江以南，闽粤方地。

叁

四大姓的地望均在中原

客家人眷恋祖先的乡首，铭记先人的姓氏。至今，台湾有着“林陈半天下，郑黄排满街”一说，而这四大姓的地望均在中原一带。

林姓的姓氏发源地在今河南卫辉市以北，他们是商朝末期重臣比干的后裔，今天这里依然保留着比干的庙宇和墓葬。比干为商王太丁之子，纣王的叔父。商纣王执政期间，暴虐淫乱，横征暴敛。看到国家岌岌可危，比干冒死劝谏，却被纣王剖心而死。

比干死时，夫人陈氏已怀有身孕，为躲避灾祸逃入深山老林，生下一男儿，取名坚。此后不久，周武王灭商得天下，为了弘扬比干的忠肝义胆，特赐比干之子林姓，封为大夫。

“天下郑氏出荥阳”。在今郑州辖区荥阳市东南角的檀山脚下，坐落着郑氏祖先的塑像。他们分别是春秋时郑国的国君郑桓公、郑武公、郑庄公。公元前375年郑国被韩国所灭，亡国后的郑国子民以国名为姓。后居于荥阳郡的一支，人丁兴旺，于是“荥阳”

>>郑公三人塑像

便成了郑姓的郡望和堂号。

陈姓源于五帝之一舜之后，祖上在周族担任陶正，专门负责烧制陶器。因深得周文王的赏识，文王的儿子武王灭商以后，封其到陈地宛丘建立陈国，宛丘即今河南淮阳。其子孙以国为姓，便有了血缘家族的符号。

黄姓是帝舜时期我国东部沿海一带东夷部落首领伯益的后裔。传说伯益的后裔有14支，其中的黄氏大约始于商末周初，在今河南潢川建立黄国。春秋时，黄国被楚国所灭。亡国后的黄国子孙，同样以国为姓。黄姓大举南迁始于西晋末年。如今的黄国故地，历史上的文化遗存随处皆是……

著名客籍学者、外交家黄遵宪在他的《己亥杂诗》中对客家人的南迁有着这样的抒怀："筚路桃弧辗转迁，南来远过一千年，方言足证中原韵，礼俗犹留三代前。"诗中高度概括了客家人千年迁徙、万里长旅的艰辛与刻骨铭心的思故之情。

据广东韶关张氏家谱提供的信息，唐代开元年一代名相张九龄的祖上就是两晋时期从中原迁往岭南的客家人。被誉为"岭南第一人"的张九龄曾预言，安禄山日后必反，并上谏唐玄宗对此人早作提防，以防后患，但唐玄宗不以为然。在张九龄死后不久，果然爆发"安史之乱"。被迫奔往蜀地的唐玄宗因追思张九龄的卓见而痛悔不已，遣使至广东曲江祭九龄，但事已晚矣。安史之乱又一次引发了中原人离乡背井大举南迁。

史料显示，唐代天宝至元和年间的河南府人口，由原来的十二万七千四百四十户，锐减到一万八千七百九十九户，其中的十万零八千六百四十一户人家在数十年间不知所向，史料中未作任何交代。

安史之乱爆发，战争延续八年，主战场集中在秦岭到淮河以北这条线，老百姓没法过日子。而当时南方人口稀少，土地比较充足，中原地区的流民就纷纷往南边迁徙。

安史之乱后，又爆发了以黄巢为代表的农民起义。战争给中原百姓又带来一次灾难。祖籍嵩山脚下、伊洛河畔的诗人杜甫对此战乱悲吟道："寂寞天宝后，园庐但蒿藜。我里百余家，世乱各东西……"

中原人第三次南迁，发生在金人占领开封，蒙古人入主中原期间。宋王朝皇亲国戚、达官贵人仓皇渡江南迁的同时，相随着的是大批中原百姓，这是中国历史上一次政治、文化的南迁。自此，延续了数千年的黄河文明开始步入低谷。

大批的中原人流入岭南，落足于闽、粤、赣一带，其中有伟大的爱国诗人文天祥的祖先。正是这位由中原辗转流落至江西吉安的客家之后，在南宋王朝即将覆灭的时刻挺身而出，率义军于赣、粤一带同蒙古铁骑进行了殊死抗争，其情之惨烈悲壮令后人仰慕。尤其是他留下的千古绝唱“人生自古谁无死，留取丹心照汗青”成为中华民族精神的象征。

客家人在与岭南土著居民融合的过程中，经历了漫长岁月，为了争夺生存空间，“土客争斗”时有发生。客家人正是在这种争斗与歧视中凝聚成一个整体，从而激发了他们奋发与闯荡的精神。今天已作为世界文化遗产的客家土楼就是当年“土客争斗”遗留下的痕迹，它是移民内向心态的折射，是历史凝结的建筑符号。

肆

客家人保留了传统文化

有人说古中原人的传统文化、原始语言，今天要到客家人那里去找，此话不无道理。因为他们当年带过去的是先进的文化，先进取代落后是历史的必然。加上客家人所处的环境大都在偏远的深山僻壤，受外界的影响较少，他们的文化传统和风俗习惯连同语言一起，被比较好地保留下来。尤其是语言，如今已被称为古汉语的活化石。

北京大学教授温儒敏说，当时有一句话是“宁卖祖宗田，不换祖宗言”，他们的客家话，保留中原音韵、中原古音，所以用现在的普通话来念唐诗宋词不太押韵，用客家话念味道就出来了。

客家人重视文化教育是不争的事实。究其根源，依然是中原文化的浓厚底蕴所致。“耕读传家”是中原地区历史上延续下来的修身齐家之宝，客家人的祠堂就是他们办学的地方，而且大多是义务办学，资金来源完全靠他们中的有钱人资助。读四书五经，行孔孟之道，“学而优则仕”，是延续多年以改变他们命运的重要途径。

二十世纪初，一位在广东梅县传教二十余载的法籍传教士赖里查斯，曾在他的著作《客法词典》中写道：在嘉应州这个三四十万人口的地方，随处都是学校，一个不到三万人的小城，便有十余间中学和数十间小学，学生的人数几乎超过城内居民的一半。他惊叹道：“这是一桩惊世骇俗的事实，按照人口比例，不但全国没有一个地方可以与其相比较，就是较之欧美各国也毫不逊色。”

>>郑州新郑黄帝故里

客家人非常重视孩子的教育，全家甚至全族供孩子们读书。这种文化血脉流淌在客家人的历史中，让他们形成了坚忍不拔、吃苦耐劳的性格和崇文重教的传统，使得客家人在求生存的路上总能另辟蹊径，敢于冒险，勇于创新。历史上一大批客家仁人志士，怀着对未来的憧憬，先后离开客属之地，漂洋过海，走向世界。今天的客家人遍布世界五大洲八十多个国家和地区，他们中不乏政要、学者，但更多的是商界大亨。靠着深厚的文化积淀和祖先留下的开拓精神，以及中原人骨子里的经商基因，在大河文化与海洋文化的碰撞中，重塑了他们薄利重义、无信不立的经商意识，使得他们能够在险恶丛生的商海中越走越远。目前能够统计的现居海外的有3 000万左右的客家人，这是相当大的一个数字。

"羁鸟恋旧林，池鱼思故渊"。客家人"根"的意识非常强，这已成为他们漂泊在外的精神支柱。中国民主革命的先驱孙中山生前曾对人说过："吾家之先，固客人也"。开国元勋朱德，在他的《我的母亲》一文中念念不忘地写道："祖籍广东韶关，客籍人，在湖广填四川时迁移四川仪陇县……"历史上，客家人中走出的精英比比皆是：太平天国领袖洪秀全、洋务运动先驱丁日昌、北伐抗日名将叶挺、十大元帅之一的叶剑英、著名文学家郭沫若、实业家田家炳等，这一串串名扬海内外的名字，都在中国发展进程中留下了重重的一笔。

2005年6月，世界客属文化中心在郑州郑东新区动工兴建，占地十二万多平方米的建筑区域内分布有文化馆区、纪念馆区以及商务会馆。这里将成为客家人又一处精神家园。

世界客属总会有人预言："本世纪内，将有大批的客家人回到他们祖先曾居住过的地方谋求发展的空间"。古商都居中的地域优势，祖先遗留下的人脉资源，冥冥中都将成为他们再造故地商业辉煌的基石。

>>客家土楼

史说汉字

古老的线条
唤醒文明的晨曦
传承华夏的记忆

壹

文明晨曦

汉字的起源一直是个巨大的谜题。

世界考古学界将文字作为人类进入文明社会的重要标准之一。世界大多数古文字都湮没于历史，甚至被人们遗忘了十几个世纪，而东方的汉字却伴随历史的风云激荡，一脉相承。是什么赋予了汉字强大的生命力？汉字，又是如何产生的呢？

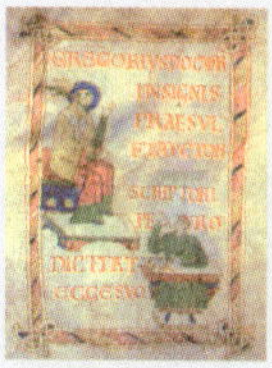

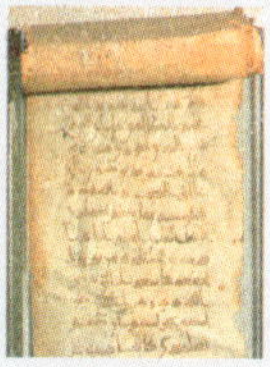

5 400年前，两河流域的苏美尔人将楔形文字压写在一块块泥板之上；

5 000年前，古埃及人在巨大的石碑和神庙中凿刻下神文，古希腊人称之为圣书字；

3 300年前，古代中国人在龟甲上留下占卜记事的文字。

这几种文字是人类最早的古文字。

盛行数千年后，大多数古文字都湮没于历史，甚至被人们遗忘了十几个世纪。而东方的汉字却伴随中国历史风云激荡，一脉相承，勾勒出清晰的发展脉络。

>>古埃及象形文字

楔形文字： 楔形文字也叫“钉头文字”或“箭头字”，是古代西亚所用文字，多刻写在石头和泥板（泥砖）上。笔画像钉头或箭头成楔状。

>>古巴比伦楔形文字

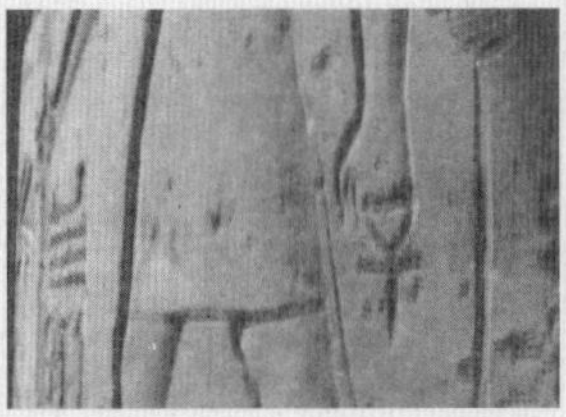

>>古埃及圣书文字

这些神秘优美的方块字究竟起源于哪里？中国的甲骨文已经是成熟的文字系统，它的形成经历了怎样漫长的发展呢？

李学勤（清华大学教授）：甲骨文的单字数量，虽然有不同的看法，但4 000~5 000是不会错的。这个数量是非常大的，所以它是一个成熟的系统，这个成熟系统的形成至少也得有1 000年以上的历史，已经超过了夏代的开始。而且在前面还有一个更为原始的酝酿产生的过程。

当语言的传播被空间和时间羁绊，人们怎样存留记忆？《说文解字·叙》中这样写道：“及神农氏，结绳而治，而统其事”。神农是中国古代传说中的人物，有可能是上古部落的一名首领，曾经显赫一方。先民们用结绳与锲刻传言记事，但如果记事者遗忘或死去，剩下的只有一些莫名其妙的痕迹。

文字是一种视觉的信息符号，有了它，人们能够把自己的记忆记录下来，而且它能够超越时空。

>>古埃及的文字和神

在中国的上古神话中，是仓颉创造了文字。据说，仓颉是黄帝的史官，智慧超人，通于神明。

古书《淮南子》记述了那颇为惊天动地的时刻："仓颉作书，而天雨粟，鬼夜哭。"在汉代的古墓中，人们发现了仓颉最早的画像：他端坐于地，脸上赫然有四只眼睛。

仓颉，只是一个传说吗？他是否真的存在？《史记》的开篇是五帝本纪，以黄帝为始，黄帝的时代大约在5 000年前。

战国时候的一些文献中就有关于仓颉造字的记载，像《荀子》《吕氏春秋》。在战国的《世本》里，提到了沮诵、仓颉两个人造字，而不是仓颉一个人。古书中注释，沮诵与仓颉同为黄帝的史官，但他为何消失在历史的记载中？古史传说的真实度究竟有多少？后人无法说清。战国时期著名思想家荀子在书中有这样一句话，似乎能给人们一些启发："好书者众矣，而仓颉独传者，一也"。

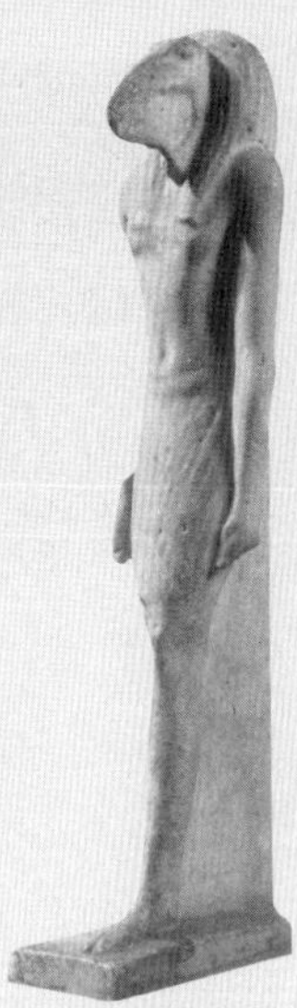
>>古埃及的神

在古籍和神话中，人们触摸到一些久远的历史，但如果黄帝的史官仓颉只是一位文字的整理者，那么当时的文字有可能已经具备一定规模。中国的文字究竟是从什么时候开始形成，它最早的形态又是什么样子？甲骨文之前一段漫长的岁月被后人遗忘，有人称它为文字的史前阶段或初文阶段。

1969年，在宁夏贺兰县工作的李祥石意外发现了大山里的惊人景象。后来，他将大半生的精力都交给岩画的探查与研究。

宁夏中卫大麦地。一望无边的荒漠丘陵。

1989年4月10日的傍晚，已经开车寻找了一天的李祥石终于碰到个牧羊人。一年前，地质局的同志在这里发现了岩画。

大麦地岩画的发现曾引起国内外轰动，而更为激烈的讨论发生在文字起源的领域。所发现的大麦地岩画的几个符号，其结构与汉字非常相似。李祥石带领助手经过数次拓摹，在8 000余幅岩画中发现了1 500个符号。

这些岩画究竟是不是文字？如果是，它将把汉字的起源推前数千年。

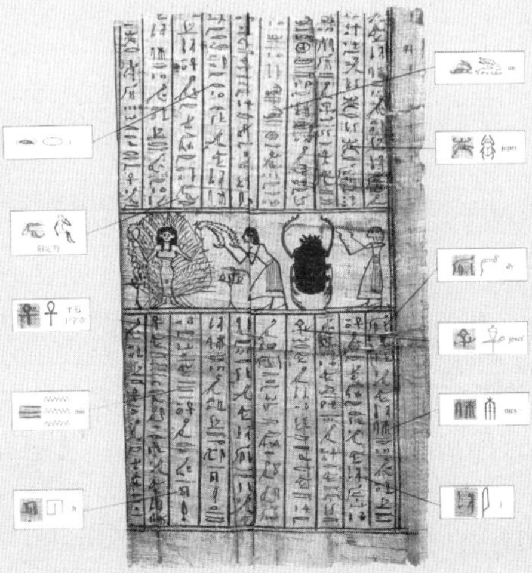
>>古埃及文字

世界文字的起源多数与图画密切相关。在

大麦地岩画： 大麦地岩画位于宁夏回族自治区中卫市，岩画带面积约450平方千米，遗存有史前岩画1万幅以上。岩画多为凿刻和敲击而成，内容以实物的象征图形为主，也有少量的表意图形与符号，反映了古代人们的生活、生产、经济状况、心理活动和生存环境。

>>传说中创造了文字的苍颉的画像

贺兰山口将近6 000幅的单体图案中，有40%属于符号类。这么多的符号究竟表述的是什么意思？其中一些似乎明显地与汉字有着某种联系。

几种古文字的象形性说明图画与文字之间的重要联系，但是图画并不等于文字。

用来通信和备忘的图像，学者称之为“文字画”或“图画文字”。世界上很多学者认为将图画用于传递信息是文字的源头。

远在2万年前的旧石器时代，古人类就有了绘画的能力。岩画分布于世界各地150多个国家和地区，中国青海、云南、宁夏等十几个地区都发现了岩画。

虽然无法证明这些岩画与文字起源之间的关系，但石壁上的深深痕迹，经历近万年的时光磨砺，证明了曾经的存在。

从20世纪开始，中国考古学家们便不断在黄土之下发现史前先民的遗迹。遗迹中出现的种种符号，让人们不断地惊喜和猜测，寻找着汉字起源的线索。

著名学者郭沫若、于省吾等人，认为文字的产生可以追溯到距今6 000年前的半坡仰韶文化。郭沫若认为半坡陶钵口沿上刻的二三十种刻画符号“应该就是汉字的原始阶段”。于省吾也认为“这是文字起源阶段所产生的一些简单文字”。

类似的陶符在甘肃、青海等地相继发现，符号更加复杂。

这些符号是否真的与汉字起源有关系，后来的考古发现给了人们一个答案。

这些符号大部分为简单的几何形符号，专家们认为，它们没有记录或传达语言的作用，可能是为了个人或本族制陶业的需要，在陶器上画出的简单符号，与汉字的发展并没有传承关系。20世纪六七十年代，在山东莒县大汶口文化时期的墓葬中出土了一种大口尖底的陶罐，它们伴随主人静静躺了5 000年。在这种被称为大口尊的陶器上部，人们发现了更接近于古文字的象形图案。

>>大麦地的岩画

与大口尊出土地点相距900千米，浙

江余杭良渚镇也出土了类似的符号。良渚文化，是中国长江下游、太湖流域一带重要的古文明。它创造了高度发达的文化，精美的玉器制作让人叹为观止。

在这些作为祭祀礼器的玉器上，人们发现了一些刻画的图形，它们与山东莒县等地出土的陶符比较相似，而与仰韶文化中的几何形符号不同，它们与古文字更加接近，刻画的位置与后来青铜器上的族徽文字很相似，而且具有繁简二体。相似的符号在不同区域出现，是否意味着这些图形是当时通行的一种文字符号呢？

山东的大汶口文化与浙江的良渚文化，在4 500年以前相当长的一段时间内并存，当时两地的生产力发达，记录语言的要求可能已经出现。

空间的延续和时间的延续带来了对文字的需要。人的群体生活越来越发达，人类慢慢地社会化。

4 500年前使用它们的人早已消亡，只留下这些原始的文字符号出现在陶罐和玉器上，它们在传达着什么样的信息呢？

在孤立出现的符号中，河南舞阳贾湖遗址的出土非常奇特，年代也更为久远。

1983年，一支考古队和当时郑州大学历史系的师生在湖边发掘一处距今8 000年的史前遗址。突然队员们在探坑里发现了一件超乎想象的东西：

一支古老的骨笛，距今8 000年以上。紧接着，贾湖村又有更重大的发现：在一片龟甲上，发现了与甲骨文极其相似的刻画符号。如果这就是汉字，中国的汉字史将界定在8 000年以前。

中国大概在1万年以前进入新石器时代，史前文明出土文物的精美，不得不让人重新审视对远古先民的想象。

生产力的发展，使考古学家们认为应该有文字的出现，但在已知的出土文物中，大多是单一的符号。人们期望能有进一步的发现。

4 000年前，山东半岛的某个部落。有人拿起一块已经碎掉

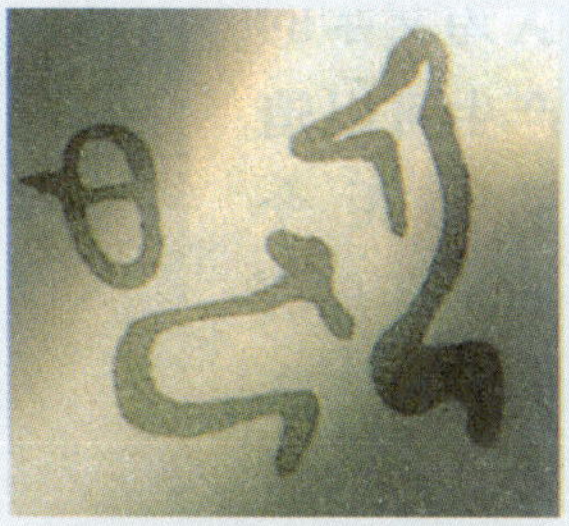

>>似乎与汉字有着某种联系的岩画符号

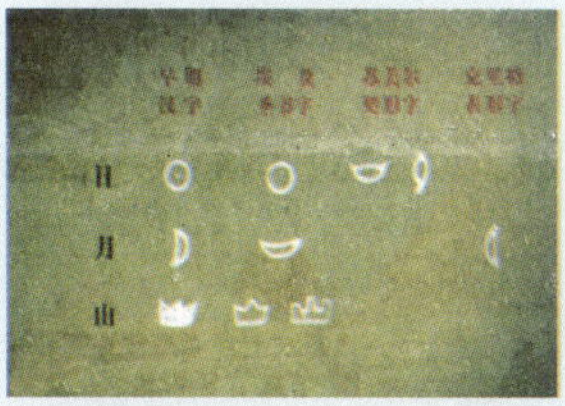

>>几种象形文字的联系

>>大山里的石刻

>>刻划在玉器上的图形与古文字更加接近

>>陶片上的神秘符号

>>陕西西安半坡遗址出土的仰韶文化人面纹网纹彩陶盆

的瓦片，在上面刻下了11个符号。这个人是谁，为什么刻下这些符号？刻写的内容又是什么？答案已经无人知晓。4 000年后，1991年1月，一支考古队在数米深的地层中发现了它。

当时工作人员在清洗后的陶片上誊写编号，看到了那11个连续书写的神秘符号。

因为发现于山东邹平丁公村，它被称为丁公陶文。2年的谨慎调查和研究后，陶文的公布轰动了整个文字学界。

历史研究所的张政烺老先生看了以后特别兴奋，他夫人看到第二排上面的一个字，说，这不是“猴”字嘛。

日本一个学者考证后认为它是一封信。当时田昌五先生建议把它称作“陶书”而不是陶文。“陶书”，它是讲了一件事或者讲了一件东西。

很多学者纷纷对丁公陶文进行解释，但没有统一的认识。而且陶片上符号的书写方式似乎与已知的甲骨文有着形态上的不同。

李学勤：看得出来，它是用尖锐的石器刻画的，是连续的。这种做法就和后来我们看到的一般的字有所不同。所以有人认为，这种符号应该是文字，是一种没有被继承下来的文字。

冯时（中国社会科学院考古研究所研究员）：我们探讨中国文字的起源，并不意味着仅仅是汉字起源的问题，它可能还包括了非华夏系统的一些族群所使用的文字系统。因为上古的族群是多样的，如果我们承认这一点的话，就必须承认当时的文字也是多元的。

丁公陶文出土于龙山文化晚期的遗址。龙山文化，是古代东夷部族创造的一个重要文化阶段，它以黑陶为主要特征，代表了当时制陶业的顶峰。

中国上古时代存在着夏族、夷族等多个部族，他们在相互的交往与征战中逐渐融合。那么中国文字在起源发展的过程中，是否也经历了这样一个多元融合的过程呢？

汉字仅仅是一种文字，在古代，特别是远古时期，中国境内是不是还出现过其他的文字？这个问题还有争论。

弈丰实（山东大学东方考古研究中心主任）：在不断的交流过程当中，趋同性不断加强，最后形成了中华古代文化、中华古代文明。很可能文字也是这样一个过程。

李学勤：就中国这么多人口、这么大的地理范围来说，古代的文字出现得这么少、种类出现这么少，在世界上是很特殊的。

《尚书·多士》记载："惟殷先人，有册有典，殷革夏命。"意思是说，商人在灭夏时已经有了记事典册，记载了"殷革夏命"的历史。甲骨文中屡见"册""典"二字，字形像串好的许多竹简和双手捧着简册。因此是否可以推测，在殷革夏命的夏桀、商汤时代，已经有了文字，只是我们还没有发掘到。没有发掘到不等于没有。

甲骨上多次出现"典"字。

有典有册，意味着当时至少要有初步的文字体系，只有零散、个别的字符无法进入应用时期。

这个破损的扁陶壶出土于山西临汾陶寺，人们在陶壶上发现了两个用朱砂书写的文字。

李学勤："陶寺文化"大约在公元前2200年~公元前2600年，从文献记载，基本上超过了夏代。那个文字，没有学者否认它是字。

冯时：这两个字和甲骨文是完全同一个体系的文字，可以说是今天汉字的祖先。所以从汉字这个角度讲，我们现在最早能够追

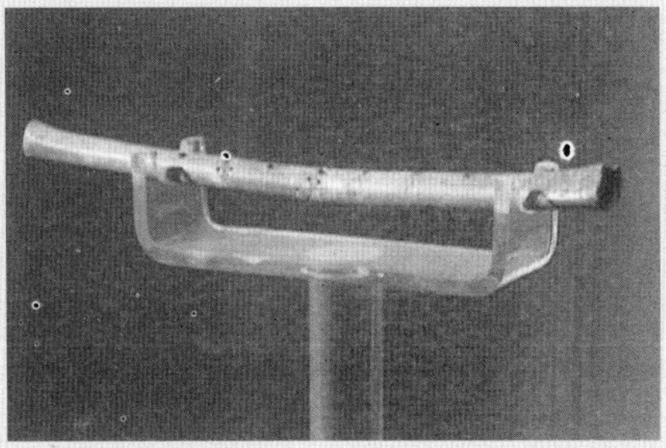

>>河南贾湖出土了距今8 000年的一支骨笛

>>甲骨文"典"

>>安徽蒙城尉迟寺出土的刻画有图形文字的陶尊出土现场

溯到公元前2 000年左右。

汉字体系的形成，还应有一个记事图画和刻画符号与语音结合并由零散的字符逐渐积累的过程。这个过程绝不会短暂。因此有学者认为，汉字起源的上限无疑应该从夏代初期再往上推移。

到了夏代，中国的文化开始统一。如果文化不统一，就不可能有统一的文字，而且这段时间发展是相当慢的。

文字的产生，标志着人类由蒙昧走向文明，由传说时代进入信史时代，文明的发展将以加速度的姿态，在时间之轴上留下坐标。

贰

尘封甲骨

100多年前甲骨文的发现，使失落了3 000多年的殷商文明突然以一种文字的形象呈现在世人的面前。这些刻于龟甲和兽骨上的文字是中国迄今为止发现的最古老的成熟文字，它是一种单纯的象形文字吗？是一字一音还是只能意会不能言传？它们是当时唯一的书写方式吗？甲骨之上，透露着先民造字的玄妙，又隐藏了永远无法得知的秘密……

>>良渚文化，玉璧上的图形文字

甲骨文： 甲骨文主要指殷墟甲骨文，又称为“殷墟文字”、“殷契”，是殷商时代王室用于占卜记事而刻（或写）在龟甲和兽骨上的文字，也是中国已发现的古代文字中时代最早、体系较为完整的文字。

甲骨文字，开启了一段尘封数千年的远古文明，被风沙掩埋的历史一点一点地再现。

“清光绪二十五年，执掌国子监的大臣王懿荣患了疟疾，按照中医使用‘龙骨’入药。他意外发现从药铺买来的‘龙骨’上刻有文字。

经过研究，他认为，这一定是未知的远古时代的文字。那一年，是公元纪年的1899年。”

这个著名的故事，最初刊登在1931年北京发行的《华北日报》上。后来，几乎所有涉及甲骨文发现的书籍都转述过。

故事的虚实已经无从分辨，但发现甲骨文确实是王懿荣的一大功绩。正是他的学识和眼光，使甲骨文在经历3 000年后惊现于世。这些刻有神秘文字的龟甲，记录着一段文明的记忆，而在探究这些遥远记忆的同时，又有无数人物的悲欢离合，推演着甲骨学研究的100余年。

>>仰韶文化第一期陶器上的刻划符号

甲骨文字究竟记载了什么？

在发现之初，很多人不相信王懿荣的说法。

章太炎是研究《说文解字》的，他觉得《说文解字》里引到的（籀文）应该是中国最古的文字了，不应该再有更古老的。所以他对甲骨文是抱怀疑态度的。他曾经讲（甲骨文）是古董商人为了谋取利益假造的。

而当时的古董商人为了保证盈利的渠道，隐瞒了甲骨真正的出土地点，确实编造了很多谎言。

此时，一位名叫罗振玉的金石学者，坚信甲骨所刻是了不起的历史秘密。在其胞弟等人的协助下，他发现甲骨文的实际出土地是河南安阳县的小屯村。接着，他又在甲骨文字中发现了重要信息：

>>河南临汝阎村出土的仰韶文化鹳鱼石斧图陶缸

盘庚：盘庚，名旬，商代第20位国王，为了改变当时社会不安定的局面，他把都城搬迁到殷（今河南安阳小屯村），使衰落的商朝出现了复兴的局面。

卜辞里面发现“殷王名谥十余”，就是商王的名字十多个。他恍悟，这卜辞的出土地应该就是商朝都城。

殷都，是消失了3 000年的古代都城。《史记·殷本纪》虽然记载了商朝的历史，由于缺乏商代的文字记载，在20世纪初，国际上的学者普遍认为，中国的夏商只是传说中的王朝。

洹河边的小屯村会是3 000年前那个繁华的都城吗？

隐藏于甲骨背后、曾经失落的殷商文明初露端倪。

如果没有甲骨文，我们甚至可以说这个时代是充满神话的时代。这段历史怎么样？我们不清楚。甲骨文一经发现，至少商朝的存在再没有任何人怀疑。

公元前1 300年左右，经历九世之乱的商朝出现了一位杰出的王：盘庚。他带领臣民开始了一次宏大的迁都之旅，从黄河以南的“奄地”西渡黄河到殷。

他们在这里建立了崭新的都城，并在此传8代12王，历时273年之久，后人称之为殷商。

殷墟出土的甲骨文是迄今为止可以确认的、中国最早的汉字系统。

学者们发现，甲骨文字不但已经能够完整地记录语言，而且它脱离原始文字阶段进入成熟已有一段时间。

冯时：它的文字的数量很多，据最新的统计，单个的文字已经超过4 000。它可以表达很复杂的概念，它的词性包括名词、动词、代词、副词等，都已经齐备了。

甲骨文字并不等同于象形文字，象形文字只是它的一部分，它已经具备指事字、会意字，最重要的是出现了形声字。

例如：风雨雷电的“风”字无法表示，古人就用凤凰的“凤”代替，有时会在“凤”的右上方加一个“凡”的声符。凤鸟的长尾经风一吹翩翩起舞，便代表“风”字。

冯时：象形不是随便像，随便画一个东西。古人有一个标准，象形一般是画事物的常态特点。如，月的常态特点是缺。

在一个两维的空间里，古人的智慧发挥得淋漓尽致。

两维之间生成的方正不仅仅代表了汉字的形体，更象征着古老东方独有的人文精神，烙刻在三千多年的时光中……

“抵安阳之日，为八月十二。下车即往访河南省立十一中学校长张天骥君。”

1928年8月12日，张天骥接待了一位来自南京的学者，他诧异于学者的年纪，一个30岁出头的年轻人，代表中央研究院来安阳了解小屯村甲骨出土的情况。

年轻学者名叫董作宾，日后，他成了甲骨研究中最著名的学者之一。

1928年10月，河南安阳小屯村，中国历史上第一次科学的野外考古，正式拉开帷幕。

真正的工作是复原古代的历史，复原当时的都城，甲骨是一方面，经过几年的发掘之后，转移成了全面发掘。

甲骨文，是殷人刻在龟甲、兽骨上的占卜记录，是商王及贵族与鬼神互通的信件。发现的文字大多刻在龟的腹甲或牛的肩胛骨上，腹甲和牛骨都经过仔细打磨。在这些卜辞中，有一组字的破解至关重要。

“贞”字，在《说文解字》中解释为“卜问”。

各种各样的字都是在“贞”字前面出现的。最早是孙诒让，他认为这可能是跟占卦有关系的一种特殊的称名。后来董作宾在写《大龟四版考释》的时候，发现有的时候“贞”后面文词完全一样，但是“贞”前面这个字会变化，所以他联想到这应该是指人，而跟卦没有关系。

具体占卜的人，因为跟着“贞”字出现，被称为贞人。

人们在所有已出土的甲骨中，发现了128位贞人的名字，通过对贞人的研究，专家考证出这128位贞人存在于200多年的时间里，由此证明了《史记》中关于盘庚迁都后商王朝存续时间的正确性。

由此凿破鸿蒙，把过去不清楚的搞清楚了。所以，董作宾发现贞人说应该是一个巨大的贡献，在甲骨学史上有着划时代的意义。

商代占卜的过程究竟是怎样的呢？首先整治龟甲和兽骨，贞人或王本人向神灵提出问卜的事情，有人专门执行占卜的过程，在甲骨的反面钻凿，然后用火烧灼。龟甲受热到一定程度就会出现裂纹，再由国王或专门的人来解释裂纹的含义。

解释的确切方法已经无从得知。有人认为，纵横相交的较大角度，比较多地被认为是吉兆。最后，将整个占卜过程及结果刻于甲骨之上。

经过3 000多年的掩埋，这些烧灼的痕迹仍然清晰可见。

《礼记》中记载：“殷人尊神，率民以事神，先鬼而后礼。”

无论是铜器顶上的纹饰还是大量的随葬品，以及人牲、人殉，这些遗留下来的物质文化给人的印象是，那是一个鬼神观念特别强化的时代。

到了晚商，几乎每隔几天都要祭一位祖先，还有地面的神。地面神就太多了，高山，有山神；河流，有河神；植物，有植物神；动物，有动物神；有人就讲，在商人的社会中，神无所不在。

极度崇尚鬼神的商人，希望通过占卜的方式达到人神之间的沟通。占卜贯通于商代整个社会的上下，而用甲骨占卜并刻卜辞，是商朝王室和贵族的一种特权。这些甲骨文也因为无事不占而包括了生活的方方面面。上到军国大事，出征打仗，立邑任官，这是属于大事情。小事情是生老病死，甚至每天还要问今天晚上会不会有事情。因为所有的事情都要占卜，所以刻下来的文字对于我们研究商代社会提供了很好的第一手资料。

>>安阳“127坑”发现了大量的甲骨

在小屯南地出土的一片甲骨非常有名，它是关于求雨的。当时非常干旱，所以连续进行了27天的求雨，其中有音乐，有舞蹈，有祭山岳。到了第27天，傍晚时分天上下起了小雨。

龟甲记录了神秘的预言，却未能参透自己的命运。3 000年的时光，它们在一层层的文明中埋藏得更深。

1936年6月12日中午，安阳。学者石璋如和王湘在只能容纳两人的最后一坑中发现了大片大片的甲骨。

127坑的发现是一个奇迹。不仅数量巨大，而且广泛涉及祭祀、天象、狩猎、农业、征伐等各个方面。同时，甲骨大规模的整窖埋藏也引起考古学者的巨大兴趣。这是商代的档案库，还是不为人知的集中埋藏？

>>在甲骨上用朱砂书写的文字

甲骨发现史上一共有三次大的发现：一次就是127坑；一次是20世纪90年代发现的花园庄东地；一次在1973年、1974年的小屯南地。这是三次大的发现，都是整坑甲骨出土。从花园庄东地出土的龟腹甲和127坑发现的龟腹甲，有些经过很好的整治，中间挖有小洞

这些小洞明显是人为的，同时，在牛

骨上方发现锯磨的痕迹。小洞用来穿绳子，使用过以后把它穿起来挂上，便于存放。

司马迁在《史记》中记载，“龟藏则不灵，著久则不神”。用于占卜的龟甲不能长期使用。成坑的甲骨究竟是出于什么目的被集中存放的呢？127坑在发掘时，除了甲骨还发现了一具人的尸骨，它是否能提供什么线索？

由于遗留的信息太少，人们还无法揣测这具尸骨的来历。根据其他地点的出土，有专家认为，集中埋藏的原因可能是有意抛弃。

目前发现的殷墟甲骨文字始自武丁时期，这些文字伴随了殷商200多年的强盛和衰落，在字体上也有着自己的特点。

中国目前出土甲骨共十五多万片，这些甲骨让人们了解了一个久远的年代，也留下一个巨大的疑问：在甲骨上刻写，是当时唯一的书写方式吗？

李学勤：那一定不是的，它只是一种很罕见的、比较特殊的书写方式。因为在商代的时候，主要的书写工具是竹木简，用竹木制成的简册。

然而，出土文物中竹木简的痕迹已无可寻觅，学者们只在甲骨文字中找到了线索。

李学勤：武丁早期的甲骨文里面已经有了“作册”这个史官的名称了。一个“册”字你就可想是多少根简，是用绳把它们编起来的。

甲骨文字中的“笔”字，是一只手和一支毛笔。

在出土的甲骨之上，人们还发现了用朱砂书写的遗迹。

冯时：朱书的笔道很粗，刻得很细，那个笔道周围的朱砂迹还残留着，可以很清楚地看到。

李学勤：所以，用毛笔在竹木简上书写是当

>>龟甲上刻有与甲骨文极其相似的符号

>>甲骨上的“贞”字

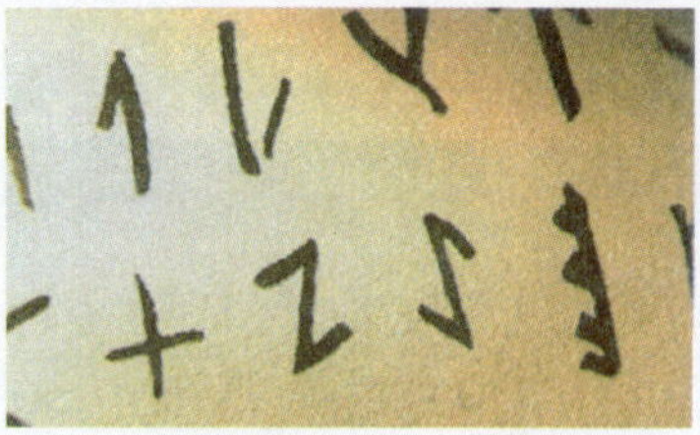

>>简单的几何形陶符

>>钻有小孔的龟腹甲

时主要的书写方式。

甲骨文的研究，开启了一段尘封数千年的古代文明，被风沙掩埋的历史一点一点地再现。逝者如斯，文明在不断的积淀中前进。

叁

鼎立九州

当几乎所有的文字经历了时光的冲刷，伴随竹木简牍消失无踪的时候，金文却清晰地涤荡出汉字神秘威严的线条。在它存在的千年岁月里，被深深镌刻在那些雄伟浑厚的钟鼎彝器表面，存在于王室贵族的社会生活中，却勾勒出中国封建社会的基本框架，演奏了一段王朝的盛世华章。

金文，被认为是中国最古老的文字之一，它历经华夏文明1 200余年的历史，因为与一种金属的结合，堪称世界文字发展史上的独一无二。

金文，铸刻在青铜器上的一种文字，因其往往现身于礼器的鼎和乐器的钟，又称钟鼎文。

中国的青铜器，自古以来就被蒙上了一层尊贵而神秘的面纱。

上古时代有这样一个神秘的传说：相传，黄帝曾采集铜矿石铸鼎于荆山之下，用巨鼎镇住了中原的气脉，从而镇住了九州八方。鼎，便成为王权的象征，成为上天给予凡人权力的神器。

远古的传说渐行渐远，那个造鼎的时代也成为上古之谜，消失于人们的视线。

迄今为止，人们已经发现的先秦青铜器铭文约有1.4万余篇，其中商周金文共1万余篇，春秋战国金文3 000余篇。据容庚《金文编》第四版记载，金文单字数共计3 722个，其中已识的字2 420个，仍有1 000多字无人能解。

在那些不能解读的文字中，很大一部分出现在商代的器物上。它们往往独立出现，或是同类字的罗列，有时还会附加一个“亞”字形边框。其笔画苍劲古拙，书风雄伟浑厚，器物本身夸张的纹饰更为这些字平添了几分神秘色彩。

刘雨（故宫博物院研究员）：铭文多数都是一两个字。叫“族徽”,后来有人叫“族氏”，这两个名词都是郭沫若先生发明的。他认为青铜器上这些铭文，都是图腾时代的

利簋： 利簋，西周早期青铜器。为周武王时官吏利所作。利簋通高28厘米，口径22厘米，重7.95千克。侈口，鼓腹，双兽耳垂珥，方座圈足，为典型的西周早期风格。现藏于中国国家博物馆。

子遗。

青铜器上的文字，曾与甲骨文一起见证了一段文明的历程。

朱凤瀚（北京大学历史系教授）：甲骨是用来占卜的东西，需要将占卜之后的一些情况记录在上边。金文呢，铸在青铜器上，我们说它要美观，有时候更加显得敦厚、浑厚，这是因为它们的用途、载体不一样。

从某种意义上，我们可以把甲骨文看作我们的手写体，那么金文就可以说是我们的印刷体。

自宋代以来，人们就注意对金文进行搜集、著录和研究，它与石刻一起被称为金石学。现代考古学进入中国以后，对金文的解读进入了更为科学的阶段。

当历史掀开周王朝崭新的一页，甲骨占卜渐渐成为记忆，当简牍、绢帛腐朽不存的时候，青铜铸造的金文注定成为研究周代历史最重要的文献。

那曾是一个辉煌的王朝，从公元前11世纪至公元前3世纪，周代共传30代37王，历时800余年，其间分为西周和东周。西周文献很少，长久以来，西周的历史只留给后人一些模糊的记忆。所以需要用金文来补充，因为金文更加具体、真实。

1976年3月，陕西临潼出土了一件青铜器——利簋，它的出土，为我们确定了周代立国的确切时间。

利簋全文共32字，记载了武王灭商后第八天，在一个叫“阑”的地方，赐给右史“利”一些青铜，于是利就铸造了这件器物。它所记录的伐商时辰与《逸周书》及《尚书》中描述的完全吻合，无可争辩地肯定了“牧野之战”的具体日期。此外，有专家认为，铭文还提供了一条极为重要的线索——“岁鼎”。“岁”即为木星，“岁鼎”指的就是那天清晨有“木星中天”的现象。结合利簋铭文记载，专家们综合天文、历法等知识，得到了武王克商的确切年份：公元前1 046年。

从这件青铜器可以看出，这一时期的铭文逐渐趋于工整，线条变得圆曲婉转，与商代一两个字的族徽文相比，长篇的铭文开始出现。

就是说，从西周早期开始，金文的史料价值在加强，因为它的文字比较长，而且记载了当时的很多战争、征伐；还有一些重要的礼制、重要的活动。

还有一件叫做何尊的青铜酒器里，铸有122字的铭文，人们第一次在铭文中发现了“中国”两字，使之成为“中国”一词最早的文字记载。

李学勤（清华大学教授）：这个中国就是“国中”，全国之中，或者土地之中，有时候在古书里也叫“土中”。这个土中就是整个大地的中心。

西周的青铜器逐渐以平实简朴取代了商朝的狞厉神秘，铭文内容更加丰富。透过那

>>簋

些文字，3 000年前的历史尽显眼前。

大盂鼎铭文291字，距今约3 000年，记载了周康王对贵族的训诰和赏赐。

墙盘铭文284字，距今约2 900年，记述西周六世先王的重要事迹及作器者的家世。

大克鼎铭文290字，距今约2 800年，记述周王对大臣的任命及赏赐。

逨盘铭文372字，距今约2 800年，内容涉及西周王朝13位王中的11位,历史跨度达200余年。

刘雨：可以说，中国的青铜文化是世界范围内最辉煌的文化。没有见过哪一个民族像我们的商代有那么繁复的纹饰；也没有见过哪个民族的青铜器上有四五百字的金文，这些都是举世无双的。

在夏商周漫长的青铜岁月中，青铜器远远超出普通器物，成为立国重器和王权的象征。

有人说，中国文化的基因和特点有许多都是在西周开始的。中国几千年封建社会的体制框架在那时基本成型，中国人几千年来遵循的人伦观念也在那时被强化。

李学勤：今天我们的经典，称为诗书礼乐，包括周易，都是在这个时代产生的，这是一个中国礼乐制度、中国礼乐文化奠基的时期。

殷人尚鬼，周人尚礼。周人用一系列不容侵犯的严密制度，规定了贵族各阶层的尊卑、贵贱，并最终形成一套极为完善的治国典制。据后世流传的礼书记载，周代实行的礼仪制度高达三千多种，其中相当一部分在金文中有所体现。

在鄂侯驭方鼎的铭文中，记录了周王与鄂侯驭方举行的一次射礼。

刘雨：实际上，当时南方反叛部族的总头领就是鄂侯驭方，是他策动了对西周的反叛。周王打到南面去以后，在回来的路上突然他就到了鄂侯驭方的驻地，提出来，要跟他举行一次射礼。

所谓射礼，就是按照一定的规则所进行的弓矢竞技。迫于周王南征的军事压力，鄂侯驭方在这次射礼中故意示弱。

刘雨：他故意把箭射偏，这个铭文里叫“休栏”，把箭射到了靶框上，表示他输了。王没有领他这个情，“王扬”，就是射过了、射高了，王也扬了。之后两个人一块喝罚酒，哈哈一笑。那是在互相摸底。

在钟鼓齐鸣的美妙乐声中，礼乐制度大大增强了王室、贵族之间的凝聚力。受其影响，分封、赏赐、战争、契约等逐渐成为铭文的主要内容。作为个人与家族功绩及政治地位的象征，人们希望这些器物能够永久流传，因此，在铭文的结尾处常常铸有“子子孙孙永宝用”这样的句子。

社会的繁荣大大促进了人们之间的沟通，这一时期金文所使用的单字明显增多，尤其形声字在汉字发展史中取得优势性地位，就是从这时开始的。

夺目的文字，雄奇的庙堂之器。

先民究竟如何铸造一段辉煌的文明？

经历了诸侯争霸战乱的洗礼，曾经灿烂的文字又发生了哪些变化？

陕西省扶风县，人们把它叫做周原。它是周文化的发祥地，也是周人顶礼膜拜，祭祀天地、祖宗的圣地。这一带地下文物之丰富世所罕见，其中包括举世闻名的毛公鼎、大盂鼎、克鼎、墙盘等一大批青铜重器。据统计，不包括古代发现的青铜器，近百年来，几乎每年都有青铜窖藏被发现，动辄一窖十几器乃至上百器。一些文物经历了战争的洗礼，被带到了北京、上海，甚至流入欧美，进入世界各大博物馆。

时至今日，这里仍不断有稀世珍宝面世，因此，包括周原在内的宝鸡地区被人们称为“青铜器之乡”。

2003年，春节刚过，由徐天进领队的周原第三次大规模考察开始了。在一个叫李家村的

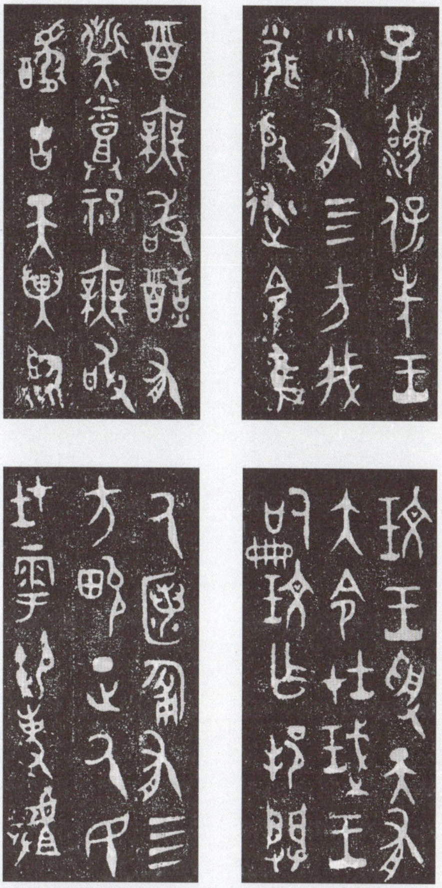

>>大盂鼎铭文

>>铸刻在青铜器上的文字叫金文，又称钟鼎文

地方，大量的红烧土露出地表。挖下去以后，出土了大量的陶范，还有一些熔铜的炉子和炉箅。考古队发现的是一座3 000年前的铸铜作坊。

今天，我们仍然能在周原看到许多青铜器加工厂。现在人们采用的是一种叫做失蜡法的铸造方法。运用现代的工具和技艺，将这些古代的青铜精品大量复制。那么，3 000年前的先民，又是如何将那些精美的器物和文字铸造出来的呢?

古代所用的叫陶模法，用的是陶模。将做好的模具放入窑炉中烤制，然后注入超过1 000℃的青铜液。

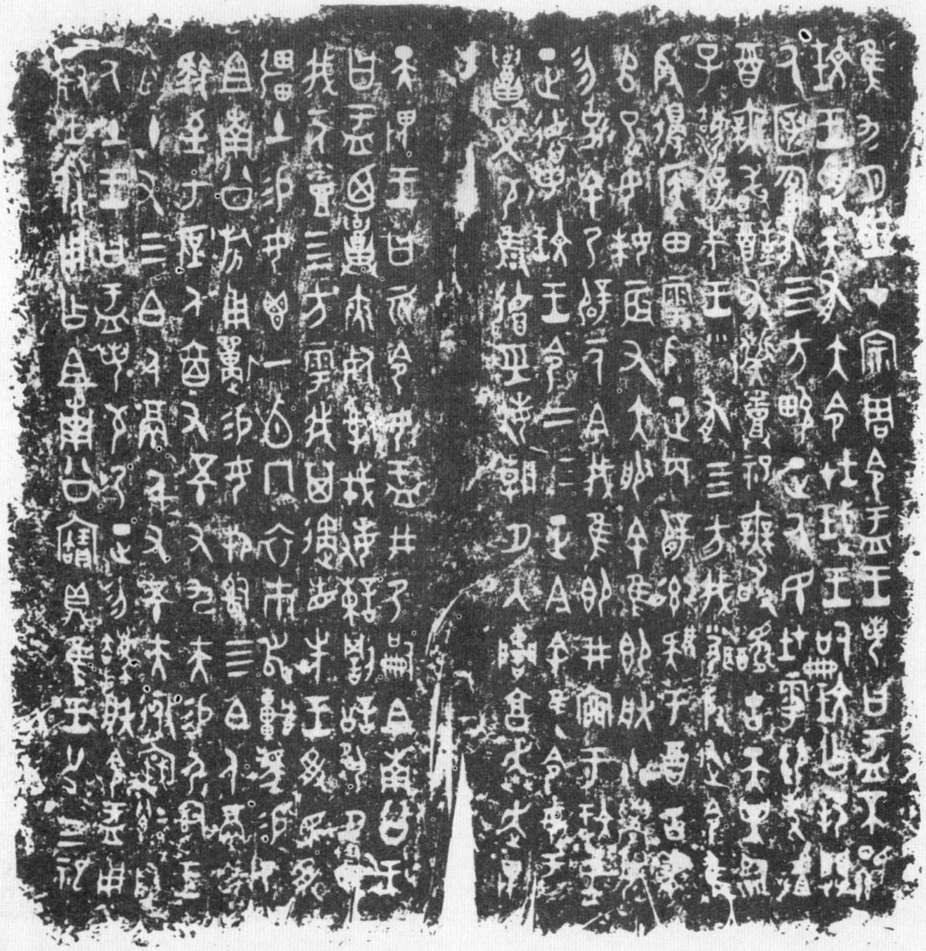

>>大盂鼎铭文

>>毛公鼎铭文

铜液浇进去以后再慢慢地退火，冷却了以后把模子砸掉将鼎拿出来。

一套内模和外模只能做一件铜器，这样，这件铜器便是独一无二的。

据专家分析，以我国目前所见最大、最重的青铜器——司母戊鼎为例，除去鼎耳需单独铸造，鼎身共需用外模24块拼合。如果用可熔铜12.7千克的容器冶炼，则需要二三百人合作才能完成。

作为铭文的内容，肯定是由文人来完成。但是铸造它，把它变成范，然后再翻出文字来，就是工匠来做的。

在战争频繁的先秦时期，战败的俘虏可以被随意处死，唯独有一种人不会被杀掉，他们就是掌握着特殊技能的手工艺人。

每件器物在刚出炉时都会呈现出金黄闪亮的色泽，那才是青铜最本质的颜色。就这样，一件件精美的工艺品从火红的熔炉中出来，传到了天子贵族的手中，又带着古人的

司母戊鼎： 于1939年3月在河南安阳武官村北的农田中被发现。司母戊鼎是中国古代已知的最大最重的青铜礼器，鼎腹内壁铸有铭文。2011年3月，原司母戊鼎正式改称“后母戊鼎”。

>>利簋

气息穿越时空，流传至今。

毛公鼎，号称天下第一铭文，全文共497字，其字体奇逸飞动，气象雄浑。铭文记述了周宣王对毛公的任命和勉励，如此古老而完整的文献，郭沫若先生称它“抵得上一篇《尚书》”。

有人说，中国商周金文里所表现的章法之美，令人相信仓颉四目窥见了宇宙的神奇，获得自然界最深妙的秘密。金文到此发展到它的顶峰。

到了春秋、战国时代，旧的礼制迅速崩溃，列国纷争的局面愈演愈烈，各国的文字也呈现出浓厚的地域色彩。

有着中国第一古物之称的石鼓文，就是刻在鼓形石头上的文字。它上承西周金文，下启秦代小篆，体态堂皇大度、圆活奔放，后世学篆者皆奉其为正宗。它是战国文字中西土文字的一支代表。

战国时期，不同地区使用的汉字统称为战国文字，著名学者王国维将其分为两大系统，分别是东土文字与西土文字。西土文字是秦国的文字系统，后世称为“籀文”或“大篆”。它因直接承袭西周金文，所以在字体上保持了较为严谨统一的风格；东土文字则包括齐、楚、燕、韩、赵、魏中原六国的文字系统，最明显的特点是笔画的随意简化或繁化，形体结构极为混乱。

>>商代器物上一些难以解读的文字

董琨（中国社科院语言所研究员）：在中原六国中，楚国独树一帜。它没有对中原、中央王朝的一种依赖性，所以能够胆子比较大，它是最早立王这个称号的。像我们讲“问鼎”、“问鼎中原”说的就是楚国。

在这种神秘奇诡、浪漫潇洒的文化浸润中，

楚人用自己灵巧的双手和不羁的想象力，创造了精美绝伦的青铜艺术，并创制了一种颇为独特的字体：鸟虫书。

董琨：鸟虫书这个鸟形，实际上就是凤凰，是楚国的一种图腾。那完全就是美术字了，非常华丽的类型。

到了春秋晚期，许多诸侯国出现了言语异声、文字异形的现象。这时的汉字不仅一字多体、繁简并存，而且因区域不同各具特点。作为共同使用的交际工具，这种状况必然会有许多不便。但这种异形究竟到了什么程度，是不是彼此之间都不能识别了呢？

王宁（北京师范大学中文系教授）：文字异形的说法常常被误解为，文字被分化为不同的字了。同样是这些字，它写法可能有些差异，我们叫异写。有些是异构，就是构造可能不一样，但它还是这个字，只是风格上有所不同。

1978年，湖北随州发现曾侯乙墓，出土的240余枚竹简，是目前发掘出土时代最早的竹简之一。它的出土，让后人看到了字体演变的关键环节。

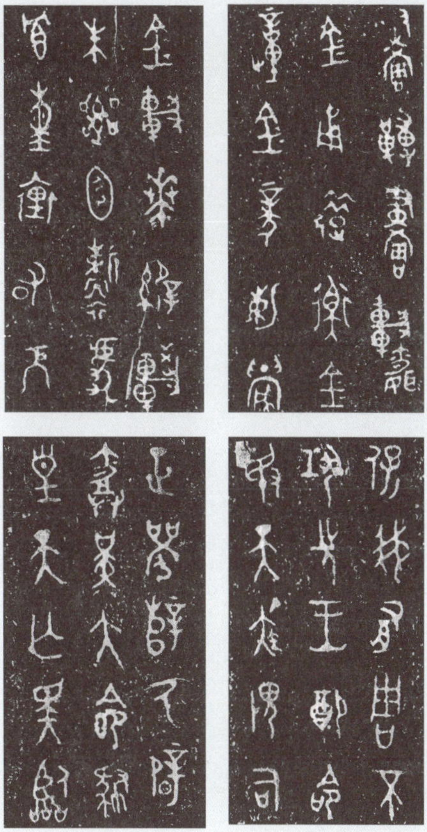

>>毛公鼎铭文

战国中后期，竹简、帛书的手写体文字占到主导地位，它们普遍具有扁平欹斜、简易草率的倾向。这时，文字不再被统治者和贵族所垄断，儒、法、道、墨等各种思想流派相继产生，他们著书讲学，互相论战，用手中的笔墨书写着留传后世的历史。

在今天我们所见到的出土文物中，文字的载体多种多样，简牍、缯帛、兵器、货币、玺印、玉石都成为铸刻或书写文字的材料。就在不同材质、各种形体的文字层出不穷之时，铁器出现。

>>毛公鼎

历经约1 500余年，青铜完成了时代赋予它的使命，金文也渐渐退出了历史舞台。

公元前221年，秦统一六国，秦始皇对货币、度量衡等实行大规模的统一政策，他命令李斯等人对当时的秦国文字统一整理，以一种新的字体颁布全国，与秦文不符的六国文字全部废除，这种字体后世称之为小篆。

张传玺（北京大学历史系教授）：文字是语言的载体，是文化载体，它的意义非常重大，所以把文字作为国家统一的一个重要措施，非常高明。

这次以小篆为标准的文字规范化运动，就是“书同文”。《峄山刻石》是小篆的代表之作。《峄山刻石》字体端庄严谨，疏密得当，被人评之为“画如铁石，千钧强弩”。与石鼓文相比，小篆的字形进一步趋于规整匀称，象形程度进一步降低，一部分字形明显简化。

“书同文”的政策，一举结束了春秋战国以来汉字长期混乱的局面，成为汉字发展史上第一次大规模的文字规范化运动，大一统的文化观念深入人心，后世虽经历战和更替、聚散分合，却从不曾割断共同的文化传统，文明承续始终如一。

秦王朝颁布了严酷的政策法令，小篆迅速在全国推行开来。但实际上，除了李斯的泰山刻石，后世对秦代小篆的踪迹一直罕有发现。

肆

隶行天下

2002年，湘西小镇里耶，一口神秘古井的发现，引来众多惊叹的目光。在这口巨大的古井中，36 000枚秦简相继出土，而此前各地出土秦简的总数不过3 000枚。随着简牍上的淤泥一点点被清除，两千多年前的文字逐渐显现。令人震惊的是，这居然是一份秦代的官署档案，其纪年从秦始皇二十五年一直延续到秦二世二年（公元前222年~公元前208年），十余年间一年不少，几乎跨越了整个秦代。

里耶秦简是我们在古文字的文物出土历史上最重要的发现之一。

春秋战国时代，“言语异声，文字异形”，公元前221年，秦始皇一统天下，大力推行“书同文”政策，以小篆统一中国文字。然而，在里耶累积十余年的官署档案中，竟没有一枚竹简上写有正规的小篆。

李学勤：这是一个非常独特的发现，从文字学来看，它使我们更多地看到了当时作为政府流行的这种秦隶的隶书的一个真实面貌。

事实上，除了李斯的泰山刻石，后世对秦代小篆的踪迹一直鲜有发现，而秦隶却随着简牍大量出土。这不禁令人疑惑，秦王朝当年究竟是以小篆还是秦隶推行的“书同文”呢？

关于隶书，有这样一个故事：相传，秦朝有一个叫程邈的狱吏，因为得罪秦始皇而被捕入狱。他原本负责文书一类的工作，深知小篆书写复杂。为消磨时间，程邈在狱中苦思十年，将小篆删繁就简、化圆为方，创立了一种新的字体，这就是隶书。

据说秦始皇看后非常欣赏，不仅释放了程邈，还将隶书发交官府，辅助小篆使用。事情的真相果真如此吗？

湖北云梦，一段偏僻的铁路。1975年12月19日，在附近一处墓葬的棺椁中发现了大量竹简。

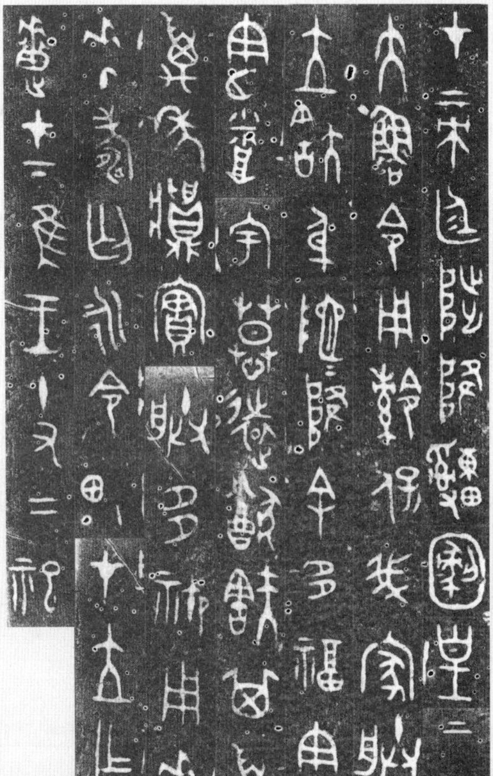

>>铭文书法

>>何尊

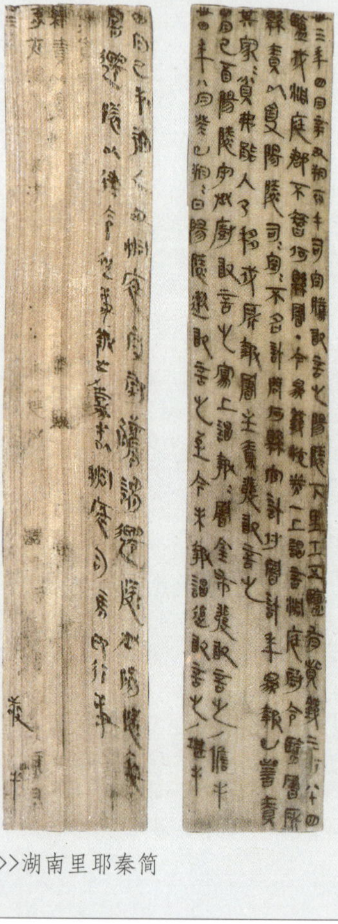

>>湖南里耶秦简

墓葬的主人叫喜。这些陪伴了他2 000多年的竹简，字迹依然清晰。从字形上看，很多字的写法与正规篆书明显不同，跟西汉早期的隶书却极为相似。

李学勤：一些曲笔变成了直笔；有了轻重疾徐，有了一定的连笔的作风。

笔画之间也不那么圆转，出现了方折；尤其是结构上出现了很多简化。

据专家判断，这是典型的秦隶。秦隶的出现不禁让人想起“程邈造隶”的传说。那么，喜又生活在一个怎样的时代呢？在出土的1 100多枚竹简中，绝大部分是秦国的法律条文，但墓主人头下的一部《编年记》却显得非同寻常，因为它很像是一部自传。

作为一名地方法官，喜十分敬业。他不仅抄写了大量法律文书，还按年代将生平大事逐一记下。

公元前217年，在地方做了20多年法律秘书的喜，与他执著了半生的法律条文一起长眠于地下。这一年，是秦始皇完成统一大业之后的第四年，而这些被他视同生命的竹简显然不是在秦统一后才开始抄写的。

无论传说与现实有着怎样的距离，有一点是毋庸置疑的：一统天下的秦始皇推行了小篆，也承认了隶书，那时秦隶已经有了较为普遍的使用。这些简牍上的字迹，不过是汉字在由篆到隶的演变过程中被定格的某一个瞬间。而演变的秘密，也许就藏在某一个小人物匆忙间挥就的笔画里。

两片写满字迹的木牍，是中国已知最早的家书。巧合的是，它们也是1975年在湖北云梦发现的，出土地点与“喜”的墓葬相隔不远。家书上的字迹比较草率，似乎是怀着某种迫切的心情急速写成的，但字体却比“喜”的墨迹更接近于后来的隶书。那么，究竟是什么人留下了这两封家书？

李学勤：家书是在秦统一前夕写的，其中一个人叫黑夫，另一个人叫惊，是兄弟两个，都被秦人征兵了。征兵后给家里写了一封信，说他们还要些吃穿用的东西，请家里更多地支持他们。

幸运的是，家中的母亲和哥哥最终收到了他们的家书。哥哥与两位兄弟的感情一定非常深厚，以至于在他离开这个世界的时候，把这两片木牍作为最珍贵的陪葬品，永远带在了身边。

2 000多年过去了，木牍上的墨色已不再浓重，但是那些在战争中急速书写的字迹，却在不经意间透露了汉字演进史上一个极其重要的规律：汉字一直有两种或者两系。一种是比较正规的写法；还有一种是比较草率的写法。草率的写法往往比较前卫，通过比较草率的写法诞生出一种新体。

一种新字体的产生漫长而艰辛，它不仅孕育在日常草率的笔法中，更与社会的发展和时代的变革息息相关。

黑夫和惊的家书简短而匆促，却在草率的笔墨间蕴含着隶变的潜流。在苍茫的岁月中，人们能否找到关于隶书更为久远的痕迹呢？

北魏郦道元的《水经注》中，一段记载似乎透露出一个特别的信息。书中说，曾经有个临淄人发现了一处古墓，墓中放置的竟然是齐太公六世孙胡公之棺。更令人惊讶的是，在这位齐国君主的棺椁上隐约写有隶书的字迹：

"惟三字是古，余同今书。证知隶自古出，非始于秦。"

齐胡公的时代要比云梦秦简早几百年，难道那时的齐国已经有隶书出现了吗？

王宁（北京师范大学中文系教授）：隶书多少是有些简化的，中国的文字不是属于战国哪一个诸侯国的，它是整个中华民族文字的一种延续，谁写字写快了，总是要有简化的。

但是，这次发掘毕竟是郦道元辗转听来，棺椁上的字迹早已无从求证。

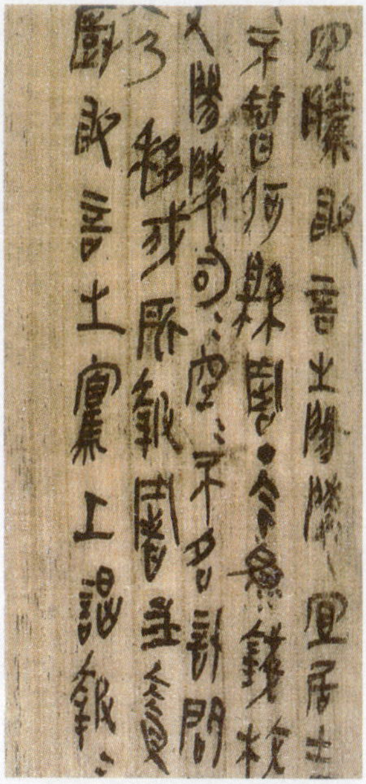

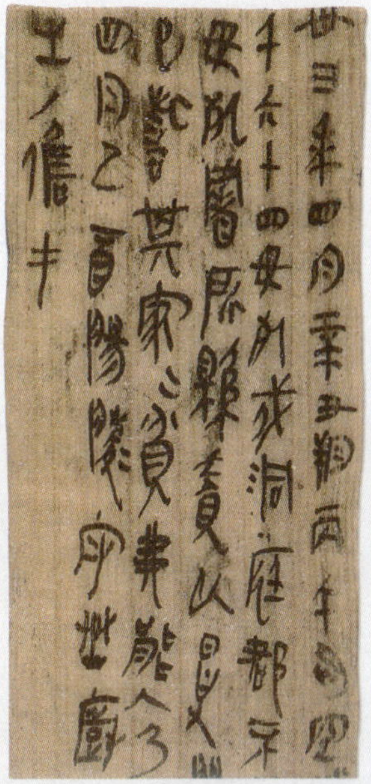

>>湖南里耶秦简

然而，在云梦秦简出土后的很长一段时间里，人们再也没有发现一枚写有隶书的更早的秦国简牍，它们真的在时光的磨砺中销声匿迹了吗？

1982年1月，《文物》杂志上的一篇发掘简报引起了专家的注意，在四川青川县发现的一处战国墓葬群中，有一片木牍显得非常特殊。青川这个地方原来应该属于巴蜀的，就是说当时那个地方应该用巴蜀文字，而青川木牍上面使用的却是秦文字。

消失已久的秦国简牍突然在巴蜀出现，令文字学家激动不已。因为，作为战国时代的秦隶墨迹，很可能会将隶变开始的时间进一步改写。那么，这片木牍究竟书写于何时呢？

经过一番周密的考证，专家将木牍的书写时间定为秦武王二年，即公元前309年。比秦始皇统一中国整整早了88年，比云梦秦简也早了几十年。有了简牍文字的证明，再辅以大量的兵器铭文、印文、陶文，隶变开始的时间已不仅仅是猜测。

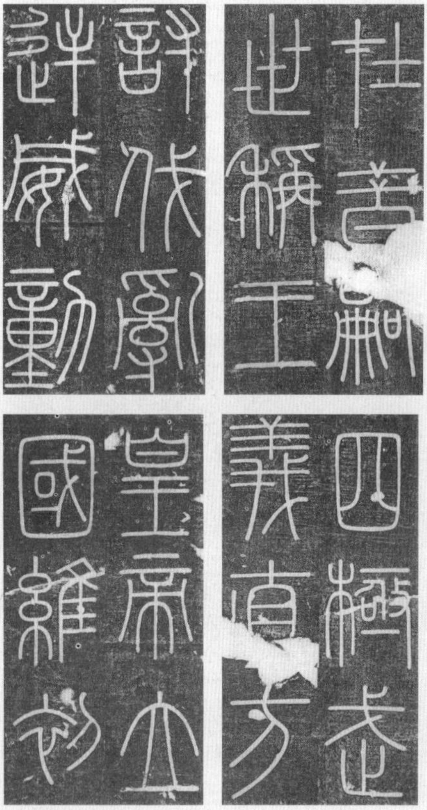

>>峄山刻石

赵平安（北京师范大学中文系教授）：从材料说话，把隶书推到战国中期，保守一点说，推到战国晚期应该是没有问题的，是有充分依据的。

《史记》记载，秦惠王更元九年，即公元前316年，秦灭巴蜀。此时的青川早已是秦国的属地。青川木牍上面的内容属于秦的田律，秦打到那儿以后，就用秦文字来推行他的法律。

湘西小镇里耶，在2 000多年前的战国时代，是楚国的西大门和中原通往大西南的黄金水道，更是秦楚大战的必争之地。

公元前223年，楚国灭亡。1年后，里耶的官署档案上出现了秦的纪年。而与此同时出现的，是一场文字的变革。

张春龙（湖南省文物考古研究所研究员）：楚国的文字跟秦的差别，比秦跟别的国家差别要大，比方这个“马”字，楚国文字就是画一个马头，也就是画两根鬃毛底下再画两道；北方基本上是把马的那个形状画出来了。

当人们再次把目光投向里耶秦简，面对简牍

上特色鲜明的秦隶，那个历史性的谜题又一次摆在面前：秦王朝究竟是以小篆还是秦隶推行“书同文”的呢？

书同文用类似于后世的古隶来统一全国用字，实际上是很早就在进行了。

王宁：小篆是线条构成的，描画它很慢；而隶书一开始就称为今文字，就出现了笔画。笔画和线条的不同是，它有起有落，而且有一个顺序，这样书写速度就加快了。当时在主观上想用小篆来统一，而实际上真正推行开去的统一全国用字的还是隶书。

到了汉代，隶变慢慢地从量变到质变。汉隶延续至今，与秦隶相比，它彻底摆脱了篆书的盘曲圆转，字体扁方平整，横画蚕头燕尾、波磔鲜明，撇捺左右分张、起伏有致。

作为成熟的隶书，它的特色究竟是从什么时候开始显现的呢？

赵平安：汉代前期是继承秦隶的写法，大概汉武帝以前那个隶书还属于古隶阶段，汉武帝以后慢慢地演变出新的隶体，就是后世所谓的八分。

但是，这样的看法并非自古有之，在20世纪之前的漫长岁月中，石刻文字几乎是研究汉代隶书的唯一资料，根据这些资料，人们大都把八分字体形成的时间定在东汉中晚期。那么，究竟是怎样的发现改变了这个延续千年的结论呢？

1907年，英国考古学家斯坦因在敦煌北部的大漠遗址中发现了700多枚汉代木简，拉开了汉代木简出土的序幕。

1930年，由瑞典探险家斯文·赫定和中国

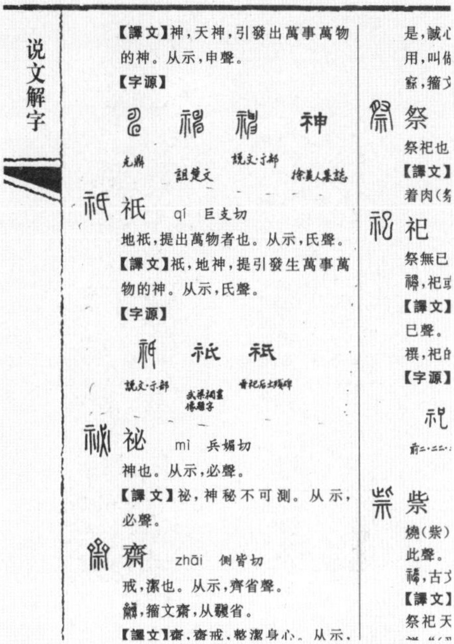
说文解字
【譯文】神，天神，引發出萬事萬物的神。从示，申聲。
【字源】
克鼎 詛楚文 說文·示部 徐義人墓誌
祇 qí 巨支切
地祇，提出萬物者也。从示，氏聲。
【譯文】祇，地神，提引發生萬事萬物的神。从示，氏聲。
【字源】
說文·示部 武梁祠畫像題字 晉祀后土殘碑
祕 mì 兵媚切
神也。从示，必聲。
【譯文】祕，神秘不可測。从示，必聲。
齋 zhāi 側皆切
戒，潔也。从示，齊省聲。
䪢，籀文齋，从襲省。
祭
祀
祡

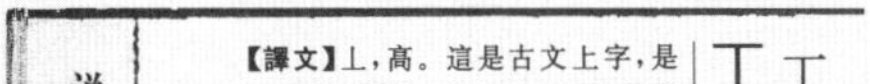
说文解字
【譯文】丄，高。這是古文上字，是一個指事字。凡是丄的部屬都从丄。
上，篆字丄字。
【字源】
後上八·七 牆盤 說文·上部古文
帝 dì 都計切
諦也。王天下之號也。从丄，朿聲。
帝，古文帝。古文諸丄字皆从一，篆文皆从二。二，古文上字。辛、示、辰、龍、童、音、章，皆从古文丄。
【譯文】帝，詳謹周密。又是君主統治天下的稱號。从二，朿聲。
帝，古文帝字。古文各丄字都从一，篆文都寫作二。二是古文上字。辛、示、辰、龍、童、音、章等字都从古文二字。
【字源】
丅
示
祜
禮

>>《说文解字》实例

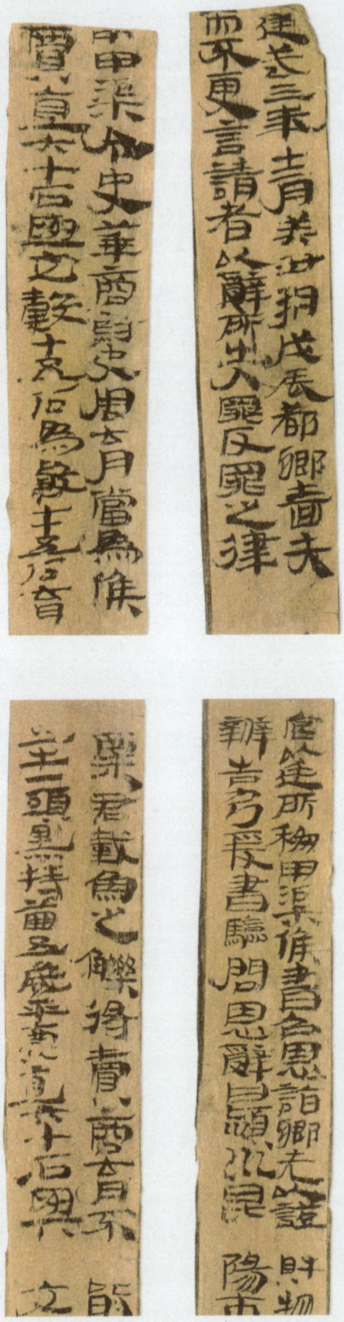

>>内蒙古居延汉简

学者共同组织的中瑞西北科学考察团来到内蒙古的额济纳旗，也就是历史上的居延城，最早叫作弱水流沙。在这片亘古的沙海中，一万多枚汉代木简穿越千年尘封，奇迹般出现在考察团面前。其数量之巨大，保存之完好，令人惊叹，学术界称之为“居延汉简”。

新中国成立后，考古工作者对敦煌、居延地区进行了再发掘。在对出土汉简的整理中，人们惊奇地发现，汉武帝时代，隶书的风貌正在悄然变化。

从出土汉简不难看出，汉武帝时代是秦隶到汉隶的过渡期。可是，为什么如此鲜明的过渡会产生在汉武帝时代的木简之上呢？又是什么原因让数量如此庞大的汉代木简出现在大漠戈壁？

在茂陵东侧，有一座状如祁连山的大型墓冢，埋葬着汉武帝最钟爱的将领——骠骑将军霍去病。

霍去病的生命短暂而辉煌，他18岁率兵作战，23岁猝然离世，短短5年间先后6次讨伐匈奴，打通了中原直达西域的河西走廊。

此后，在连接东西方要道和漠北草原与河西走廊的中心地带，汉武帝派军修筑了居延城。于是，无数的城墙与烽燧出现在大漠之上。

汉武帝对匈奴的征讨和对西域的控制决定了大批汉简的出现，戍边军民对文字的使用则印证着隶书的演变，是大漠的风沙卷走了岁月，珍藏了历史。

公元121年，一辆马车正赶往洛阳，车上的人奉父亲之命要将一个硕大的木箱呈献给当朝皇帝。箱中盛放的并不是价值连城的奇珍异品，而是一部书，这就是流传后世的《说文解字》。

王宁：《说文解字》体现了汉字学全部的精神，第一次对“六书”作了定义。并把每一个汉字都用六书解释了一遍。用六书把字的字理全部给勾画了出来。

《说文解字》共收字9 353个，以小篆为字头，是我国第一部首创部首、分析字形、考究古音、总汇古义的字典，对汉字系统的形成产生了巨大影响。它的作者就是被后世尊为“字圣”的许慎。

《说文解字》耗费了许慎毕生的精力，当书稿完成的时候，他已经是一位年迈的老人了。写成的书，大概有1万多条竹简，他搬都搬不动了，就派他的儿子许冲赶着马车去送给皇帝。

许慎几十年的心血，换来的仅是当朝皇帝赐予的四十匹布，但对许慎最大的褒奖来自千秋万代。

高明（北京大学考古文博学院教授）：如果没有《说文解字》，商代的西周的

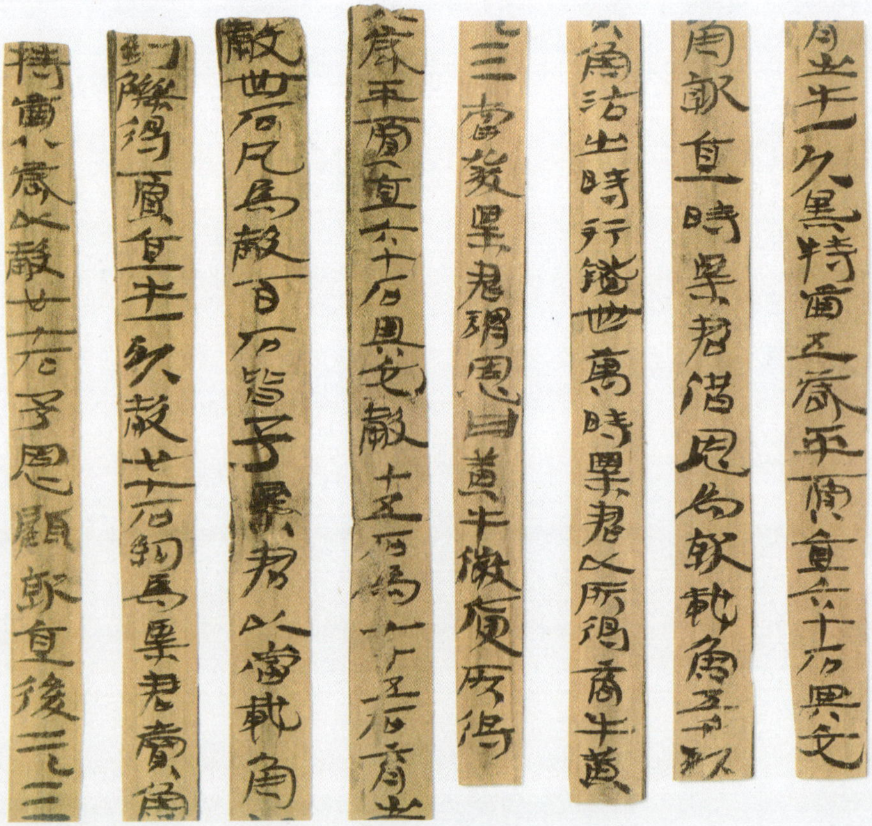

>>内蒙古居延汉简

>>王羲之《兰亭序》部分

金文，跟现在隶书和楷书，就隔着段了。因为《说文解字》有小篆的基础，所以它有个承上启下，中间一个阶梯的这么大的作用。

曹光握（原国家语委副主任、教授）：在它以前不可能有这样的书，在它以后也不会有了，所以叫“千古一书”。

经历了汉武帝的初创和光武中兴的重建，太学在东汉时期达到鼎盛。公元184年，太学门前突然变得异乎寻常的拥堵，据说每天有超过1 000辆的车子在门前停留观望。

他们观望的是学府门前的一块块石碑，这些石碑就是闻名于世的《熹平石经》。《熹平石经》始刻于汉灵帝熹平四年（公元175年），上面刻写的是《尚书》《论语》等儒家经典著作。书写者是一个叫蔡邕的人。蔡邕是当时公认的大家，所以让他来写。

作为标准的官方字体，《熹平石经》成为汉隶成熟期的典型代表。东汉中晚期，碑文化骤然兴起，石刻文字基本完成了隶变过程，走向成熟。

欧阳中石（首都师范大学中国书法文化研究院教授）：在隶书的隶变中产生了许许多多的写法，显然篆书以纵向取势，隶书以横向取势，这样走下来，就是说，纵横全有了，所以形成我们汉字的方块字。

赵平安：隶变产生的影响是很大的，现代汉字一些基本的笔画：点、横、竖、撇、捺，就是在隶变过程中形成的。它的形态更加丰富，书写起来更有节奏感。方块汉字实际上就是在隶变过程当中形成的。

隶书的简易和快速书写以及在笔势上的改进，促进了楷书、行书及草书的发展，汉字字体趋于完善。

“汉，漾也。东为沧浪水。”这是《说文解字》中对“汉”的解释。《诗经》中曾有这样的诗句：“维天有汉，监亦有光”。这里的“汉”是指天上的银河。当我们的祖先诗意地仰望那群星闪烁的星空时，不知他们是否意识到，后来以同一个字命名的“汉字”，也在斗转星移中流成了一条悠长而璀璨的河。

伍

挥毫千秋

公元105年，担任汉和帝尚方令的蔡伦，在总结前人制造丝造织品的经验基础上，用树皮、破渔网、麻头等原料，制造出适合书写的植物纤维纸，被称为“祭侯纸”。

作为一种新的信息载体，纸张的出现，让汉字的书写跨越过千年的简帛时代，让笔墨的气息不经意中添了灵动与潇洒。而整个文明的进程，也在这看似一小步的跨越间，被悄然推动了……

发行于2007年的楷书邮票中，位列首席的是钟繇的《宣示表》。有人曾这样评价：“《宣示表》是从隶书引向楷书之后的第一类典范。”

在史书记载中，钟繇更为人熟悉的，是他卓越的政治才能和汉魏重臣的身份，而非

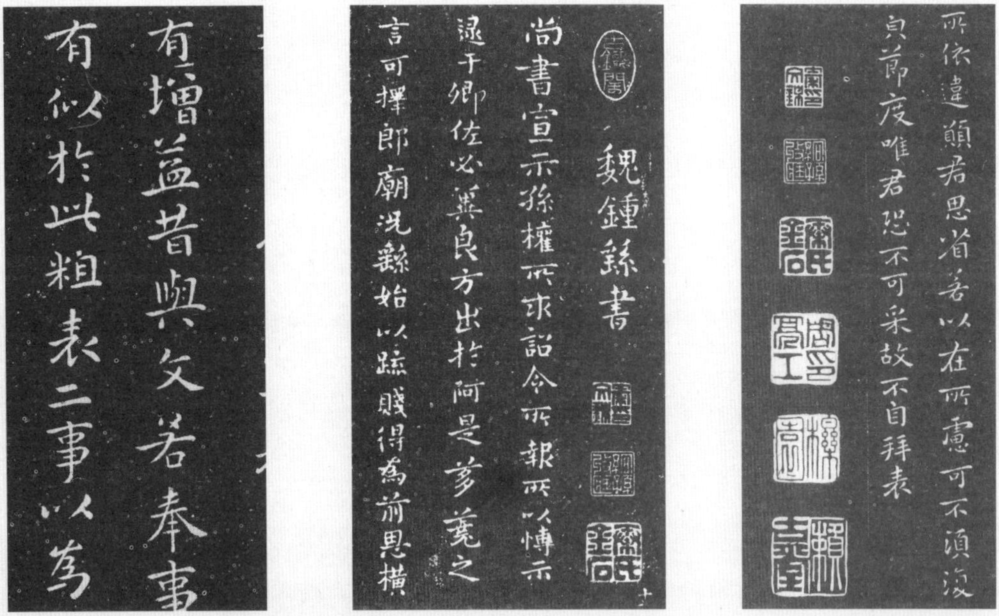

>>钟繇书《宣示表》

>>秦、楚的文字差异

>>隶书的书写要比小篆来的简便、快捷

善书之名。但“楷书之祖”的美誉，随着后人的追慕，随着汉字的行进，一并流传至今。他所处的时代正值隶书向楷书转变的过程当中，是他第一个写出比较正规的楷书的风格，但是隶书的笔意还没有完全去掉。

新体带着脱胎于旧体的痕迹，更带着冲破旧体的生命力。较之于书法家开风气之先的探索，民间手写体的革新潮流也从未停止过前进的脚步。

后世最为我们熟悉的几种字体，就这样悄然萌芽在书法家们的笔端，更在那些不知名的陶瓮砖瓦间，带着人们最朴素的智慧。

楷书，后来作为官方正式字体，一直沿用至今，没有再衍生新的字体。汉字发展到楷书阶段，基本完成了它的演变历史，成为真正意义上的“方块字”。

叶培贵（首都师范大学中国书法文化研究院教授）：典型的楷书结构，它的横画总是要向右上略做倾斜的，正好符合我们手拿着毛笔运动的最方便的路线。完全画一条水平线，不方便；画一条垂直线，不方便。楷书里面的“悬针”的那个针尖，恰好是笔锋最容易出尖的地方。所以楷书无论从笔画还是结构体势，都是最符合毛笔的特点和手的特点。

“点如山颓，滴如雨骤，纤如丝毫，轻如云雾。”这是后人对钟繇作品的赞誉，也是对汉字的礼赞。这般如诗如画的语言，或许是唯独汉字才可以触发的意境。

有人说，从原初民创制文字伊始，就已经凝聚了美的意识。即使那些契刻在甲骨陶片上的简单符号，也都记录着先民们曾经的精神家园。而从契刻到书写，汉字离艺术的脚步也越来越近。

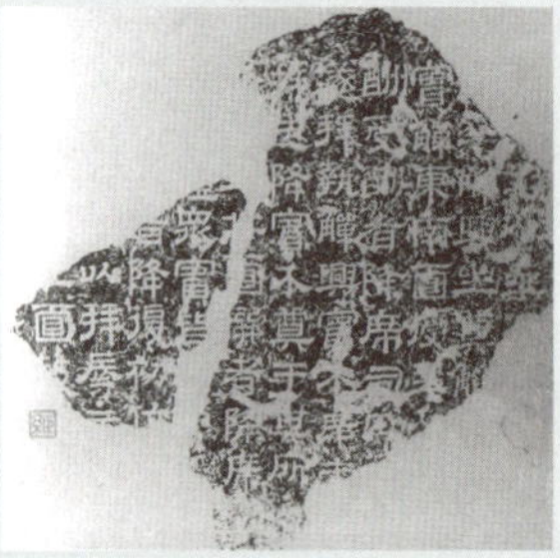

>>熹平石经

绍兴的兰亭，潺潺的流水，似乎仍记忆着当年那场名传千古的雅集。

东晋永和九年的三月三日，春光旖旎间，王羲之与当时最负盛名的文人雅士相聚于“曲水”，进行着“流觞”的游戏，大家开怀畅饮、放声歌吟，四十一个人竟赋诗三十七首。诗成之后，众人推选王羲之作序，于是，就有了书法史上永远绕不开的《兰亭序》。

董琨：《兰亭序》整个摆脱了以前那种隶书的意味，写得非常的飘逸，非常的流畅，也非常具有形式美。字与字之间的组合，还有不同的造型，其中二十几个“之”字，每个“之”字都不同，显得非常成熟和完美。所以被誉为天下第一行书。

时空辗转，虽然真迹再难觅踪影，但《兰亭序》早已超越了一幅行书作品的简单意义，成为中国文化的一座里程碑。

魏晋六朝是一个才思飞扬的时代，政治上的动荡不安，却激发了精神上的自由与解放。

“旧时王谢堂前燕，飞入寻常百姓家”，诗句中显赫非常的琅琊王氏就是指王羲之的家族。当年，除却政治上的显达，琅琊王氏在整个书法史上，也可谓是最煊赫的一族。而其中最为闻名的，除了王羲之，还有他的儿子王献之，后世并称为“二王”。

王献之以行书的笔意写楷书，以草书的笔意写行书，介于二体之间，却又兼备二体之长，形成了一种独特的风格。正如唐代书论家张怀瓘所评：“非草非行，流便于草，开张于行，草又处其中间……有若风行雨散，润色开花，笔法体势之中，最为风流者也。”

魏晋是属于书法的时代，追求书写的美感成为一种社会风尚，也真正成为中国文人一种心灵的寄托和一种不能须臾或忘的精神活动，而汉字在其间折射出的光彩，前无古人，闪耀至今。

河南洛阳的龙门石窟，始开凿于公元494年北魏孝文帝迁都洛阳，其后到宋朝初年，历经400余年。

龙门现存大小洞窟2 345个，佛像10万余尊，碑刻题记2 840余块，其中有4篇堪称巨迹，被誉为“龙门四品”。

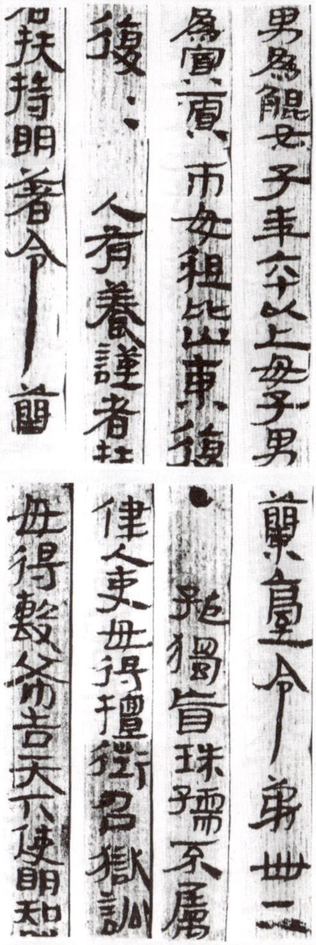

>>汉简文书

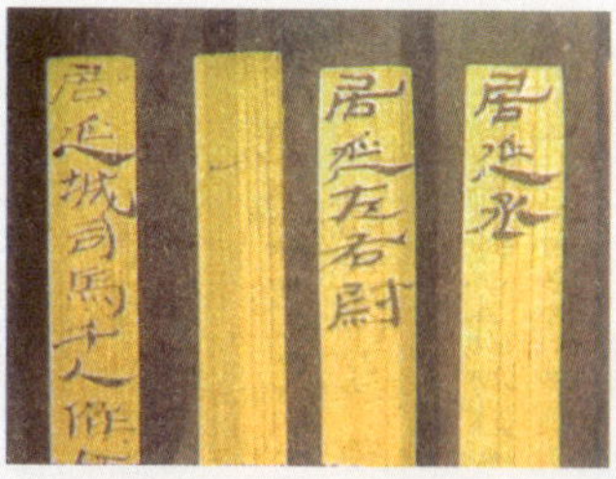

>>居延汉简

北朝石刻书法统称为“北碑”，又以北魏成就最高，故又称作“魏碑”。它们不是名家墨迹，甚至难考姓名，但却以多样的形式、鲜明的特色，在书法史上独树一帜，影响至深。

唐代，实在是一段令中国人提气的历史时期。一个朝代，兼有贞观、开元两个盛世，为人称道。政通人和，文化艺术璀璨，诗歌、散文、书法、绘画领域无不是成果辉煌。有一位西方历史学家说过，那时的唐王朝就像东方的一条巨龙，凌驾在整个世界之上。

创建于公元1087年的西安碑林，是收藏我国古代碑石时间最早、数目最大的博物馆，被人们誉为“书法艺术的故乡”，而碑林兴起的源头就是对唐代《石台孝经》和《开成石经》的保存。

《石台孝经》是碑林最大的石碑，刻于公元745年，为唐玄宗李隆基亲自书写。

《开成石经》，内容包括《尚书》《诗经》《论语》《尔雅》等十二部经书，是目前仅存的一套完整石刻经书，被称为“世界上最大最重的一部书”。

有人把《开成石经》比喻成当年的“高考教材”。这部历时七年，由楷书刊刻的石经，促进了儒家经典的流传，同时也对经籍用字起到了强有力的规范作用。

在这次中国古代规模最大、影响最深远的汉字规范化运动中，有一本书是不可不提及的，就是《干禄字书》。所谓干禄就是去追求功名的，就是作为追求功名需要用的文字规范的一种书。

《干禄字书》的撰写者叫颜元孙，一个并不令人熟悉的名字，然而他的家族实在有太多值得大书一笔的地方，远祖可上溯到孔门弟子颜回，而其高祖父颜之推和伯祖父颜师古，皆以考注经史闻名于世。

在伯祖颜师古《字样》的基础上，颜元孙完成了《干禄字书》。在这部书中，他第一次明确地将文字分为“正”、“通”、“俗”三体，并指出每一体的使用场合。

有人说：与唐诗共辉煌的，还有唐代的酒文化。翻开《全唐诗》，依然能感受到千年前的酒香，浓浓地飘洒着。在杜甫《饮中八仙歌》的描述间，有“眼花落井水底眠”的贺知章，有“长安市上酒家眠”的李白，更有“挥毫落纸如云烟”的张旭。相传张旭作书，往往在大醉之后，脱帽散发高喊狂奔。有时兴起，索性用头发蘸墨挥毫，一笔狂草，变幻莫测，人称“颠张”。

文献有记载的唐代善书者就有640多人，上至皇帝，下至文人墨客，无不以一种高蹈的姿态和充沛的热情，参与其间，成为一场隆重的视觉盛宴。

叶培贵：每一种字体都有一些杰出人士希望建立自己在这个时代的新风格：狂草，篆书，楷书，行书，都有。这样就形成了中国历史上第一次各种字体的全面发展，并且各种字体在这个时代都有代表人物这样一个兴盛局面，这在中国历史上是少见的。

就如繁星点点，最终汇聚成灿烂星河。唐代的书坛就是这样一条光辉的银河。

敦煌藏经洞发现的唐代写卷，行列严整，笔致挺秀，但却是最普通的手抄书。在印刷术发明之前，文献典籍的制作整理都要依靠手工抄写。

叶培贵：唐代书法的繁荣，尤其是楷书的繁荣，是由庞大的文教机构中的无数不知名的抄书手以及寺庙里的经生，甚至一些文人在考试入学之前也当过抄书手等等，就由这些人和那些著名的书法家们共同构建起来的。

回溯千年，古老的汉字承载着源远流长的中华文明，一路走来……

伴随着历史的发展、社会的前进以及众多书写者探索的步伐，汉字的诸种字体也迈向了全面的成熟与完备。

被誉为“文明之母”的印刷术，是中国古代四大发明之一。在对汉字发展和文化传承的过程中，造纸术和印刷术的发明居功至伟。

马克思在论及我国四大发明时说：“印刷术变成了科学复兴的手段，变成对精神发展创造必要前提的最强大的杠杆。”印刷术，将整个世界带入一个崭新的时代，而汉字，也将以更为规整和稳固的面貌，继续书写中华文明的记忆。

陆

百年沉浮

5 000年的积淀，3 000年的传承，汉字，始终承载着古老中国最虔诚的信仰。然而，当历史步入19世纪，曾经至高无上的汉字却走到了从未面对过的十字路口。

1894年，甲午中日战争中，清政府惨败。消息传来，朝野震惊。

一度位列亚洲第一、世界第七的北洋水师竟被日本海军打败？这个2 000年来一直以中国为师的小小岛国，在经历了师法西方的“明治维新”后，为什么变得如此嚣张？而西方，究竟为什么强大？

王理嘉（北京大学中文系教授）：有些知识分子觉得洋人之所以洋枪大炮、国富民强，是因为他们的文字简便，认识了几十个字母就能读书写字，民智早开。

>>汉字改革的先驱卢戆章

>>敦煌汉简上的简化字

>>太平天国钱币

>>太平天国令

反过来看我们的文字，“天下之至难者”，难写、难认、难记。要实现普及教育、救国图强就要革汉字的命，要改革汉字。

然而，汉字与中国文化休戚相关，几千年的积淀使它一脉相传，改革究竟从何而起？

在波涛中最先乘风破浪的，是一个叫卢戆章的人。他懂英文，到过南洋。他想要中国富强，要普及教育，必须改革汉字。改成什么样子呢？就是要像西方的拼音文字那个样子。

1892年，卢戆章编写的《一目了然初阶》出版，这是第一套由中国人创制的汉语拼音方案。由此，汉字改革的大幕以拼音运动的形式正式拉开，并因卢戆章的“切音新字”而命名为“切音字运动”。在《一目了然初阶》的扉页上，我们看到了这样一副对联：“一目了然，男可晓，女可晓，智否贤愚均可晓；十年辛苦，朝于斯，夕于斯，阴晴寒暑悉于斯。”

公元1 900年，另一位切音字运动的倡导者以“台湾和尚”的身份出现在山东沿海的港口。来者并不是和尚，而是被朝廷通缉的严拿罪犯，他叫王照。王照曾经是戊戌变法中的风云人物，变法失败后逃往日本。没有人能想到，他此次冒着生命危险秘密从日本回国，是为了推广一套叫作《官话合声字母》的拼音方案。

王理嘉：它是第一套汉字笔画式的拼音方案，是受日文片假名的影响，用汉字的偏旁来做成一个表音字母。比如说，他取汉字里头的“扑倒”的“扑”，用一个提手旁的偏旁就来代表我们现在的声母“p”。

1903年，王照秘密进京，在裱褙胡同创立了“官话字母义塾”。由于身份特殊，他让学生在前面讲授，自己则躲在屏风后面指点。官话字母的影响力渐渐扩大时，王照却作出了出人意料的决定：去自首。这样在出狱之后，反而可以公开推广《官话合声字母》。这是冒着生命危险的。

经过一番磨砺，王照终于出狱，此时的他更为坚忍执著，全力推行他的拼音方案。

几乎与此同时，卢戆章又编写了一套新的拼音方案《中国切音新字》。1905年，他专程将此书送到北京，满腔热忱地希望得到清政府的支持。然而，方案呈交了3次，全部被驳回。

据统计，1892~1911年的切音字运动，共提出切音字个人方案28种，掀起了中国汉字改革的第一个高潮。

就在切音字运动的实践者们在外来文化的启发下以拼音的方式为汉字改革寻找出路的时候，汉字简化，这条从汉字自身的演变规律中延伸而来的变革之路开始登上历史舞台。

陆费逵，中华书局的创始人，一位有着革新思想和实业精神的教育家、出版家。

1909年，他在主编的《教育杂志》上，率先发表了名为《普通教育应当采用俗体字》的文章，这是中国历史上第一次公开提倡把简体字作为正体字使用，奏响了中国简体字运动的前奏。

其实，汉字的简化由来已久。早在3 000年前，神秘的甲骨上就曾出现同一个汉字的简体和繁体。

在2 000多年前的敦煌汉简上面我们也发现了许多形体与今天相同或相似的简化字。在绵延流长的名家书法中，在不同年代的字书、碑刻中，简化字的身影随处可见。这些在民间“不胫而走”的简体字通常称为俗体，与官方正体并行存在。

从远古的刻符到甲骨文、金文，从篆书到隶书，再到楷、行、草，简化一直是汉字演变的总趋势。

>>太平天国印发的布告

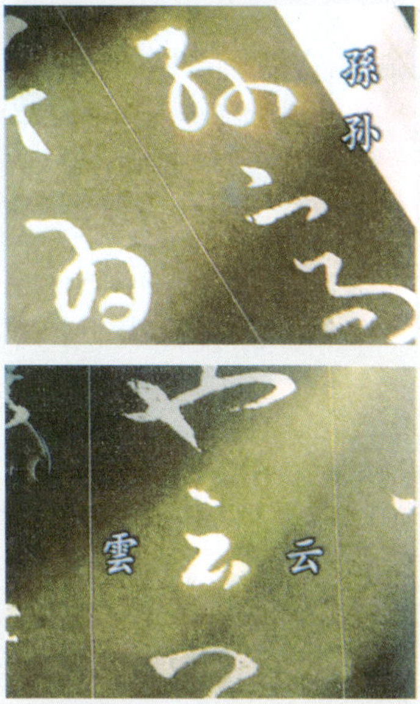

>>书法、碑刻中常出现简化字

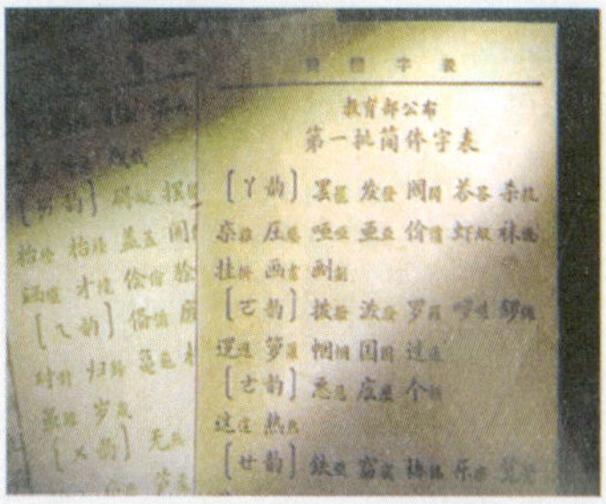

>>国民政府公布的《第一批简体字表》

王选： 1937年2月5日~2006年2月13日，汉字激光照排系统的创始人，这一发明为我国新闻、出版全过程的计算机化奠定了基础，被誉为“汉字印刷术的第二次发明”。

事实上，在晚清，简体字也曾以正体的身份出现。只是，与它的出现相关联的是一段惊心动魄的悲壮历史。

1851年1月，洪秀全在广西金田率众起义，建号“太平天国”，一场风起云涌的农民战争由此拉开序幕。

一张已经十分模糊的印刷品，是1852年9月太平军进攻长沙时东王杨秀清和西王萧朝贵发布的告谕。告谕的内容已很难辨认，但用简体书写的“太平天国”却异常醒目。有趣的是，其中的“国”字比今天还要少一“点”。

在太平天国，简体已成为官方标准用字。政府的钱币、印玺，征战的令旗，印发的布告、书籍等，都采用了唐宋以来在民间流行的以及部分自创的俗体字。

太平天国虽然最终失败，但他们在汉字简化上的实践却给后世留下了很多启发。

1919年5月4日，强烈的爱国使命激起了青年志士对传统的猛烈攻击，由陈独秀、胡适、鲁迅等人发起的新文化运动再度高涨，一系列激进的主张纷至沓来，汉字改革首当其冲。

苏培成（北京大学中文系教授）：五四时期激进派从挽救中国这个角度出发提出了“汉字不灭，中国必亡”。他们认为汉字的根本改革就是改用拉丁字母的拼音文字。他们对汉字的看法受到了当时的局限。

此时，“一件惊人的革新事业”也获得了前所未有的发展。

1922年，钱玄同在国语统一会明确地提出了一个减省现行汉字笔画的提案。提案分析了简体字的构成方法,要求承认简体字的合法地位。国语统一筹备会通过了这项提案，并由钱玄同、胡适等15位委员组成汉字省体委员会，一系列提倡简体字的文章和书籍陆续刊登出版，简体字运动有了突破性进展。

1935年春，一篇名为《推行手头字缘起》的文章突然在诸多报刊同时出现，文章选定第一批手头字300个，由蔡元培、邵力子、陶行知、郭沫若、巴金等200名文化界人士和15家杂志社联名发表。

随着简体字运动的日益发展，1935年8月，国民政府教育部采用钱玄同主编的《简体字谱》草稿的一部分，公布了《第一批简体字表》，共计324字。同年10月，国民政府以中央政府主席、行政院长、教育部长的名义通令全国，要求在全国推行。

1936年2月，教育部奉行政院命令，训令“简体字应暂缓推行”。但是，扎根于群众的简体字不推而行，在共产党领导的地区，简体字获得了蓬勃发展。

自清末以来，汉字改革的道路漫长而艰辛，普及教育的目标始终不曾获得真正的成功，汉字改革的方向究竟在哪里呢？

柒

方正流长

1949年10月1日，中华人民共和国成立。10天后，在毛泽东、刘少奇等党和国家领导人的直接关怀下，第一个全国性文字改革组织——中国文字改革协会宣告成立。此后，一系列文字改革机构相继诞生。

它们的诞生，拉开了新中国文字改革工作的序幕，也显示了一个新生国家改革古老汉字的决心和力量。

苏培成：新中国刚建立，当时文盲众多，我们又要进行大规模的建设，必须发展教育，扫除文盲。文字改革跟这个背景是密切相关的。毛泽东主席在1951年就明确讲过，文字必须改革。

1955年10月，一个在文字改革上举足轻重的会议召开了，这就是“全国文字改革会议”。在会议开幕式上，陈毅副总理说了这样一段话：“在有几万万文盲的国家里，不可能建成社会主义社会，不可能有强大的工业建设。”

新中国从现实情况出发，提出了当时文字改革的三项任务：简化汉字、推广普通话、制订和推行汉语拼音方案。这样就形成了20世纪50年代整个的文字政策。

1956年1月28日，经过语言文字界顶级专家的整理，在吸纳了约20万语文工作者的意见和建议后，国务院通过了《关于公布〈汉字简化方案〉的决议》。

《汉字简化方案》的公布，是对千百年来流行在民间的简体字的规范，是对清末以来汉字简化运动的总结，也是新中国文字改革工作的第一项成果。

当今，在全新的信息网络时代，通过基础的识字教育，以普通话的读音为标准，利用拼音输入汉字，孩子们可以轻松地遨游网络，搜索和传递信息。半个世纪前的文字改革带给今天的便利，已远远超出当时的想象。

但是，在20世纪六七十年代，当信息化的浪潮刚刚袭来的时候，古老的汉字面临的是一次前所未有的挑战：如果汉字不能够像拼音文字那样进入电子计算机，中国将被排斥在信息化时代之外。

此时，研究汉字的信息处理问题已刻不容缓。几千年来，汉字的命运从来没有如

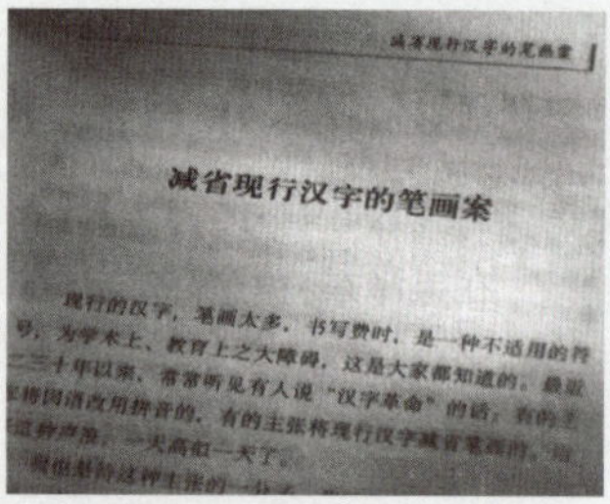

>>钱玄同的提案明确提出减省现行汉字的笔画

>>王选采用轮廓加参数的数学方法压缩汉字信息

此紧迫地与一项技术联系在一起。1974年8月，周恩来总理亲自听取汇报，研制汉字信息处理系统的工程很快由国家计委批准立项，定名为“七四八工程”，列入国家科学技术发展计划。

1975年，一个长期在家病休的人偶然听说了这项工程，他抑制不住内心的激动，竟拖着孱弱的身体自发地研究起来。这个人叫王选，当时还只是北京大学无线电系的一名普通助教，但在不久的将来，他改变了一个时代。

20世纪70年代的西方，基于计算机的“电子照排技术”已经大规模使用，而中国仍然处在“铅与火”的活字印刷时代。

学数学出身的王选开始沉浸在汉字的一笔一画中。令人意想不到的是，正是数学与汉字的结合，打开了汉字进入计算机的大门。他利用轮廓加参数的数学方法将庞大的汉字信息压缩到1/500，扫清了项目研制的最大障碍。他跳过日本和欧美流行的二三代照排机，直接研制国外尚无商品的第四代激光照排系统。

从第一代照排机走到第四代，西方国家用了40年，而王选仅仅用10余年就使中国从落后的铅字排版跨入了先进的激光照排。中国终于迎来了用计算机处理汉字并大规模应用于印刷的时代。

随着信息时代的推进，更多的人开始关注计算机和汉字信息处理。为了方便使用键盘输入汉字，一股编码的热潮骤然兴起。

计算机、汉字编码、信息化，这些词汇是一个即将全面来临的时代对人们发出的清晰信号。

在新时期，规范化和标准化成为语言文字工作的重要任务。

为了适应信息化的需要，同时纠正社会用字混乱的现象，1986年，经国务院批准，国家语委在对个别简化字适当调整后，将1964年公布的《简化字总表》重新发布。

如今，古老的汉字已经融入时代的脉搏。语言文字的规范化和标准化也被提升到了一个从未有过的高度。2000年10月31日，《中华人民共和国国家通用语言文字法》公布，这是我国历史上第一部关于语言文字的法律，它明确要求，在公务活动、教育教学、新闻出版、公共服务行业应当使用规范汉字。它的颁布，确立了普通话和规范汉字作为国家通用语言文字的法律地位。

百余年来，为了民族昌盛和国家富强，一代代爱国知识分子在汉字改革的道路上执著探索，而古老的汉字置身于传统与现代的漩涡，守望着命运的沉浮起落，它所承载的，不仅是一个民族的荣辱兴衰，更是一个日渐强大的国家永远不可忘记的历史。

千百年来，世界上不知道有多少文字伴随着他们民族的迁徙而传播，有的依然闪烁着光芒，有的早已消失……

5 000年前，埃及人在石碑上刻下他们的故事；古巴比伦的苏美尔人用形如楔的文字记下岁月，这一切都消逝在时间中，只留下今天关于远古文明的谜。

有人说，中华民族是一个圆，周长可大可小，圆心无处不在，而半径就是汉字，汉字就是中华民族的向心力。历史不断发展，朝代不断更迭，可是不管怎么变化，中华民族大一统的国家观念始终没有改变，直到现在，仍一直深深印在每一个中国人心中。

汉字是中华文化的根，也是活化石，它是目前世界唯一传承的历史在3 000年以上的古文字，它在发展过程中成为中华文化的代表。

中国人认为世界万物都是有灵性的，天地、树木、河流，他们把对自然的认识融入汉字当中，同时将自己的感情嵌入这些笔画之间。

从远古演化而来的古老汉字，被人们赋予了超自然的能力，用来避祸求福。一副对联、一个字谜都是中国人智慧的结晶；一个福字、一个双喜都寄托了人们对美好的渴望。

浩如烟海的历史古籍，气象万千的诗词歌赋，我们的民族历经磨难却始终铭记着千百年来信守过的灵魂与信仰。中国汉字古老精深、历久弥新，它与中华文明一脉相承，血脉相连，是中华民族的文化瑰宝。

汉字是一个超越时空、生生不息的文化精灵，它将占地球人口1/5的人，用同一种符号连接在了一起，以其独特的方块骨骼支撑起中华文明，并影响着世界。

>>《一目了然初阶》是第一套由中国人创制的汉语拼音方案

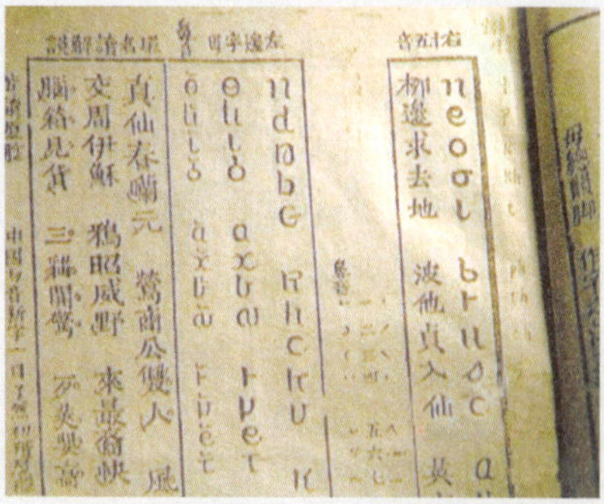
>>拼音方法

敦煌书法

2003年8月3日晚，北京天坛成了全球瞩目的焦点。

千呼万唤中，2008年北京第29届奥运会会徽终于揭开了神秘的面纱。“中国印·舞动的北京”惊艳登场，刹那间征服了全世界的目光。

壹

流沙坠简

北京奥运会会徽图案高度融合了中国书法篆刻艺术和现代体育运动特征，古朴稚拙而又动感十足，极富现代气息。特别是英文“BEIJING”和阿拉伯数字“2008”出人意料地用敦煌汉简书法的形式写成，堪称神来之笔。这是英文字母和阿拉伯数字第一次变成中国风格的书法字，而敦煌汉简书法古朴、率真、洒脱的特点，不仅与人类的伟大梦想——奥林匹克运动合拍，而且和中国印一脉相承，浑然一体。

郭春宁（北京2008第29届奥运会会徽设计者、北京始创国际企划有限公司总裁）：汉简是我国非常有艺术性、非常市民化的书写形式，尽管当时不被很多人认知，但它是存在的。可以说敦煌是中国文化艺术的宝库。

1907年，英国探险家斯坦因在敦煌玉门关附近发掘出写有汉字的木简。在流沙中掩埋了2 000多年的敦煌汉简重见天日，立刻受到国际汉学界的高度关注。

斯坦因无意中打开了一座罕见的汉代书法宝库，里面珍藏着中华先民最早的书法墨迹。

首批789枚敦煌汉简被斯坦因运回英国后，法国汉学家沙畹博士很快将这批新出土的汉简编辑出版。

肖文飞（中国书法院教授、书法家）：毕竟他不是中国人，对这批资料的解读在很多地方不正确，包括一些地名、历史上的一些职务、官名，很多东西都不太清楚。学者罗振玉得知这批资料在沙畹博士手上时，写信给他，想要这些图版资料做研究，沙畹博士把这批资料寄给了他。

罗振玉如获至宝，他与国学大师王国维分头整理考释。1914年，两人合著的三卷本《流沙坠简》在日本京都出版社出版。

《流沙坠简》对所收录的敦煌汉简和残纸、帛书作了精确的分类和详尽的考释，被视为首次全面解读汉简的开山之作。连一贯反对“整理国故”的鲁迅先生看了王国维《流沙坠简》序言后都赞叹不已，认为这才是真正的国学。

汉简的出土在中国书法界引发的震动更为强烈。《中国书法全集》主编、著名书法家刘正成先生甚至用“原子弹爆炸”来形容这种震动。他说：“简牍就像原子弹爆炸一样，在几十年间，影响了书法艺术，打开了书法家的新天地。”

当时中国书法界正在寻求行草书的大变革，但苦于找不到传统的借鉴。行草书的源头在汉代，而当时人们看到的汉代书法都是碑刻，没有手写的真迹。敦煌汉简的发现，让沈曾植等大书法家兴奋不已。

敦煌汉简出现之前，许多名家曾怀疑过王羲之传世书法《兰亭序》的真假。因为汉魏六朝时期留下来的碑刻书法与王羲之的书风差距太大。而在敦煌汉简墨迹中，王羲之书风已初露端倪。

斯坦因之后，敦煌地区汉简的发掘进入了高峰期，数以万计的汉简大量出土，令人目不暇接。

1930年，瑞典人贝格曼在居延地区发掘出大批汉简，总数达11 000多枚，史称“居延汉简”；

1957~1959年，甘肃武威磨嘴子汉墓相继出土汉简隶书精品《王杖十简》和《仪礼简》；

1973~1974年，甘肃考古工作者在居延甲渠侯官、金塔县肩水金关等遗址出土汉简2万余枚，称“居延新简”；

1979年，敦煌玉门关西马圈湾又发现了斯坦因当年遗漏的烽燧，出土汉简1 217枚；

1987年，敦煌市博物馆发现了汉代敦煌郡效谷县悬泉置遗址，发掘汉代简牍27 000多枚；

到目前为止，在甘肃发掘的秦汉简牍数量已达65 000多枚，占全国出土简牍总量的5/6。敦煌和居延简牍、殷墟甲骨文、敦煌藏经洞文书、故宫明清档案，被学术界称为

简牍：简牍是对我国古代遗存下来的写有文字的竹简与木牍的统称。用竹片写的书称“简策”，用木版（也作“板”）写的叫“版牍”。在纸发明以前，简牍是中国书籍的最主要形式，对后世书籍制度产生了深远的影响。直到今日，有关图书的名词术语、书写格式等都承袭了简牍时期形成的传统。例如：“篇”、“册”、“杀青”等。

20世纪中国四大考古发现。

王岳川（北京大学书法研究所所长、书法家）：中国文化是从西部开始的。东部当时叫东夷、北部叫北狄、西部叫西戎、南部叫南蛮。真正中华的中央之地应该是从甘肃、山西、陕西开始，最后发展到河南。但今天人们一说中原大地往往忘了文明的古老发源地甘肃。

掩埋在漫漫沙海中的木简，历经2 000年而不朽，得益于当地特殊的地理气候环境。敦煌地区平均年降雨量只有39毫米，而蒸发量却接近3 000毫米。干旱少雨的敦煌大地，无意中成全了数以万计的汉代书法原作。

西汉时期，为了打通西域，清除边患，汉武帝先后3次对匈奴发动大规模战争，取得重大胜利。元狩二年（公元前121年）置武威和酒泉两郡，元鼎六年（公元前111年）又分置张掖和敦煌两郡，并设立了中国最早的海关——阳关、玉门关。史称“列四郡，据两关”。

刘正成（《中国书法全集》主编、书法家）：秦始皇时代36郡。敦煌、河西就有4个郡，敦煌在中国历史上，是欧亚大陆桥最关键的一个站，非常重要。由于地方比较偏远，宫廷政治斗争中的失败者，往往被遣发到敦煌戍边。所以那里有相当多有才能的人，有很高的文化底蕴，甚至包含了中亚、西亚文化。

汉朝在屯兵戍边过程中，沿汉长城线建立了大大小小的关塞亭障和烽燧，形成一条绵延万里的候望系统。《汉书·赵充国传》描述：“自敦煌至辽东一千五百余里，乘塞列隧，有吏卒数千人”。汉简就是这一历史时期的遗物，它们绝大多数出自烽燧亭障。

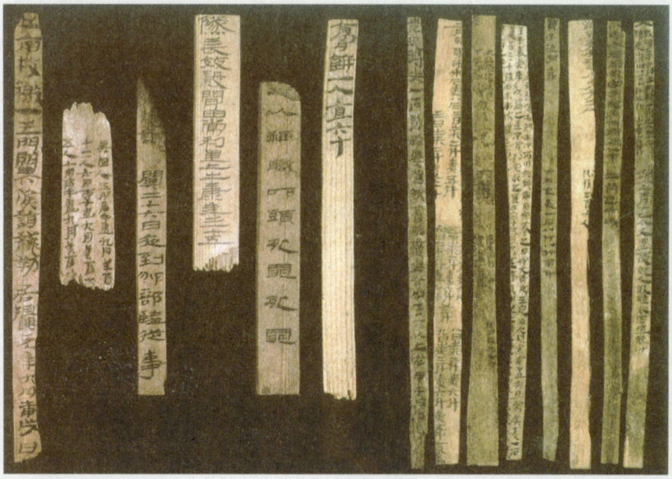
>>敦煌马圈湾简牍

现知纪年最早的汉简是汉武帝天汉三年（公元前98年），最近的纪年简为前凉时期建兴十八年（公元341年），前后延续了400余年。简牍主要内容有诏书律令、司法文书、例行公文及吏卒名籍、出入关登记等各式簿籍，还有买卖契约、往来书信等，是汉代边塞政治、军事和日常生活的真实记录。

刘正成：我们现在看

到的汉代刻石是当时的铭石体、铭石书，就是刻在石头上的书，是当时的印刷体规范字，而汉简是人们日常书写的字体。这两种体在汉代并行不悖。

河西地区长城沿线的汉简大部分就地取材，以胡杨木、红柳、白柳木居多。多枚汉简用麻绳串起来叫册，还有一种削成三棱、四棱或八棱的叫觚。觚是练习写字用的。

>>飞天

敦煌汉简的发掘似乎永远不可能穷尽。最近的一次重要发掘在2009年3月，敦煌市博物馆在马圈湾以南的湾窑墩烽燧，发掘出一枚迄今为止尺寸最大、保存最完整的汉代封简。

这支封简上的书法墨迹如新，字体接近楷书。

北宋大书法家米芾有幸看到过当时发现的汉代简牍，他大为震惊，认为“河间简牍乃书法之祖”。但限于当时的保存条件，简牍没有被更多人看到。后人只能通过摩崖石刻和拓本、法帖学习古代经典。

敦煌汉简的大量出土，加之现代文物保护技术的进步、照相印刷技术的发明，书法家们零距离面对古代墨迹的千年梦想终成现实。长期困扰中国书法的众多谜团终于真相大白。

两汉时期人们是如何学习书法的？为什么数万汉简的书法都达到了令后世仰之弥高的艺术水准？这些不留名的书法家为什么能够完成中国书法史上最伟大的变革？

玉门花海汉代烽燧遗址出土的简牍，内容是汉代识字、练习的教科书《仓颉篇》的第一章，是当时在烽燧上戍守的书佐临摹练写的。

从这些材料中可看出，汉代对书法教育的高度重视。而众多书法家群体的出现，则得益于汉朝以书取仕的文官制度。

西汉政权建立后，丞相萧何制定汉律九章，其中《尉律》规定："学僮十七以始试，讽籀书九千字，乃得为史。……书或不正，辄举劾之。"就是说，字写得不好，甚至会丢官帽。

王小宇（酒泉市书法家协会副主席）：汉代一个很小的文职官职，诸曹掾史这么一个官职，要识得9 000汉字，还要懂它的音、义、形，对汉字的要求很高。书法要非常优秀、文字功底要非常深才有可能成为官吏。现在好多人把没有署名的石刻、汉简笼统称为民间书法，认为是不太识字的人写的，是非常错误的观点，至少对于汉代书法是说不通的。

这些汉简行笔婉转自如、流畅奔放，起笔干净利落、收笔果断遒劲，布白大起大落、疏密对比强烈。显然，书写者具备了高超的书写技巧和把握节奏、韵律的能力。

汉简的时代，包括秦代到东汉末期，大约400年的时间，正好是中国古文字向今文字转变的时期，也是中国书法史上发生重大变化时期，学术上叫"隶变"，就是汉字字体由篆书逐渐演变到隶书。敦煌汉简的出土，把隶书的成熟期由过去人们公认的东汉晚期提前到了西汉中期，从中看出古隶向汉隶转化的剧变和成熟过程。

在中国文字剧烈变化的汉代，汉简书法承上启下，完成了对中国古文字的改造，开启了后世的草、行、楷书。

东汉学者赵壹在《非草书》中说，秦末至汉初，西北前线"战攻并作，军书交驰，羽檄纷飞，故为草隶，趋急速耳"。军情紧急，容不得戍边将士们用古隶书一笔一画地写，他们采取"减、省、连"的方法，加快了写字速度。于是，前线往来的公文、书信中出现了书写较为草率的隶书，这就是"隶草"。

隶草逐渐成熟，发展成"章草"，一步步接近了草书。

长期以来，人们大都以为先有正规的楷书，后有行书，最后才发展到草书。书法的练习也严格遵从这个顺序。然而敦煌马圈湾出土的汉简表明，早在西汉中期就有了成熟的章草。它揭示出先从隶书到草书，然后才有行书、楷书的书体演变过程，与现行的书法观念大相径庭。

章草的成熟，标志着汉字从书写工具开始变成能够高度自由地抒发情感、表现书法家自我的艺术。

书法界认为，汉魏以后，中国书法的五体——篆书、隶书、楷书、行书、草书的创造已全部完成，而且2 000年来没有突破。

艺术的真谛在于创造。具有5 000年辉煌历史的中国书法，同样面临着创新发展的历史命题。

进入21世纪，书法如何发展，如何开辟新的天地，成为摆在书法家面前的重要课题。

贰

草圣故里

他是中国书法史上第一位巨人，连王羲之都让他三分。

他不慕功名，醉心书法，留下了“临池学书、池水尽墨”的千古佳话。他就是中国的草圣：敦煌的张芝。

汉唐敦煌古城东北角，现在党河西岸，曾生活过一位古代圣人——草圣张芝。

苏东坡在一则书论中写道：“笔成冢，墨成池，不及羲之即献之；笔秃千管，墨磨万锭，不作张芝作索靖”。这段文中点了4个书法家：东晋王羲之、王献之父子；东汉张芝和西晋索靖。后两位都是敦煌书法家，而且是姑舅姻亲。

关于张芝的籍贯，历来说法不一。《后汉书·张奂传》中说是“敦煌酒泉人也”。经清代学者钱大昕考证，应为“敦煌渊泉人也”。汉代敦煌郡辖六县，渊泉县在今瓜州县境内。

然而，据敦煌藏经洞文书《沙州都督府图经》记载：“张芝墨池在县东北一里效谷府东五十步”，似乎他又是敦煌郡效谷县人。

他究竟是渊泉人还是效谷人呢?

2009年7月，敦煌研究院研究员李正宇先生来到瓜州县布隆吉乡一带，寻找张芝的老家。

现在是一片荒滩的旱湖脑，1987年第二次全国文物普查时，发现了古城遗址和大量汉代墓葬。专家认定这就是东汉时期的敦煌郡渊泉县遗址。

李宏伟（甘肃省瓜州县博物馆馆长）：有关专家研究表明，周长达到1 300~1 600米的古城，就是县一级古城，周边4个古城具备这一长度的只有这一个遗址。

张芝，字伯英，出身名门。他父亲张奂曾是威震海内的东汉大将军。而张芝从小就无心政治，一门心思钻研书法。朝廷三番五次下诏求贤，让他出来做官，他都不为所动，甘作布衣书生。

张芝随父母来到敦煌郡府所在地，家住效谷县城东，人称北府张。张家门前有一大水池，张芝的父亲请人打制了石桌、石凳供张芝、张昶兄弟习文练字。每天做完功课，

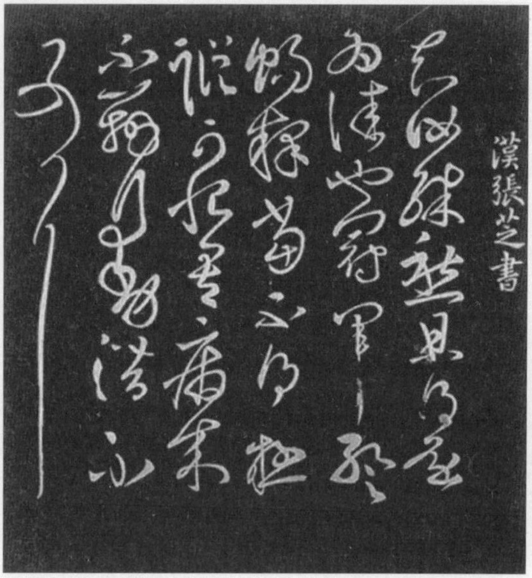

>>张芝草书帖

张芝就在池边洗砚台和毛笔，日复一日，年复一年，把整个池塘的水都染黑了。“临池学书，池水尽墨”一时传为佳话。后人把书法称为“临池”，就是从这个典故而来。

当时的书写工具限制了书法家的创作，由于造纸术发明不久，还没有得到广泛运用，况且纸质粗糙，价格昂贵，书家大多还在木简或竹简上书写。方寸之间，很难施展手脚。

日日临池的张芝已把章草练得烂熟，但他并不满意。有一天，他忽发奇想，把家人做衣服的衣料拿来书写。东晋卫恒这样记载：“凡家之衣帛，必先书而练之”。

衣帛的吸墨性比简牍好得多，更主要是尺幅大，可以自由、连续不断地书写，这个新发现让张芝欣喜若狂。

那一时期，左伯改造了纸张；韦诞研制了墨锭；张芝改良了毛笔，被称为“书法三宝”。

今天看来，笔、墨、纸、砚的改良，是张芝创立今草的前奏曲。

张芝从纸和笔的束缚中解放出来，进入广阔的创作天地，他从民间章草大家那里汲取草书艺术精华，删繁就简，终于创造出一笔到底、连绵不断的一笔书——“今草”。

王岳川：把章草变成“今草”，张芝有重大的贡献。人们一般把这个功劳记到王献之头上，其实源头在张芝。

在张芝之前，篆书和隶书都是字字独立、笔笔不连，张芝一笔书使汉字的笔画有了连续性，从而产生了音乐般的节奏、韵律。从此，书法真正成为一门自觉的艺术，而张芝被奉为一代“草圣”。

刘正成：中国书法界两个圣人，一个书圣、一个草圣，敦煌张芝占半壁江山，而且比王羲之更早。

收藏在张芝老家——瓜州县博物馆的张芝传世名作《冠军帖》，翻刻于甘肃省博物馆藏肃府本《淳化阁帖》。

东汉时期，人们珍爱张芝墨宝到了“寸纸不遗”的地步，以至于张芝传世作品极少。

王羲之：字逸少，号澹斋，东晋书法家，有“书圣”之称。历任秘书郎、宁远将军、江州刺史。后为会稽内史，领右将军，人称“王右军”、“王会稽”。其子王献之书法亦佳，世人合称为“二王”。其代表作品有《黄庭经》《乐毅论》草书《十七帖》。

明代《淳化阁帖》中仅收有张芝草书作品4件。在《冠军帖》中，张芝用笔如飞，气势如虹，显示了非凡的功力。

东汉辞赋家、文学家赵壹写书法评论《非草书》，文章说，当时的文人学士们“慕张生之草书，过于希孔颜焉”。意思是说崇拜张芝胜过孔子和颜回。

沃兴华（复旦大学教授、书法家）：在这篇文章里面，赵壹描述了当时书法流行的情况。说他们痴迷到了什么事情都不干，整天习字，领子都是黑的，坐下来就以指画地，画到手指甲都磨掉了，骨头都露出来了。

华人德（苏州大学教授、书法家）：赵壹的《非草书》是在批评草书，但也说明一个问题，当时的人对草书很痴迷。

张芝超越时代，独步天下，以至于不断有人提出疑问：汉代的张芝，怎么能够写出盛唐以后才有的圆熟灵动的线条？

宋代大书法家米芾认为张芝的《冠军帖》系唐人伪作。

沃兴华：他传世的作品，面貌差别太大了，一件作品带有章草的味道，而另一件作品完全是唐代人的狂草。

“草圣”擅长的究竟是章草还是今草？这幅千古杰作到底是不是张芝的墨宝呢？

唐代张怀瓘的《书断》说：“世称一笔书者，起自张伯英，即此也。”“伯英即草书之祖也”。

1 000多年来，两种意见始终难分难解，相持不下。

刘正成：这就是张芝的传世作品。就因为他的草书已经突破了章草的局限性，进入大草、狂草，所以才影响了王献之。王羲之的楷书来源于钟繇，王献之的今草、狂草来源于张芝。要否定张芝，就把王献之也否定了。

其实，中国书法史早就清楚地写明了，从汉末到中唐的六七百年时间里，不论是韦诞、卫瓘、索靖、卫恒等早期的草书大家，还是王羲之、王献之、张旭、怀素这4位闻名遐迩的草书大师，他们的师承都源于中国书法史上第一位巨人——草圣张芝。

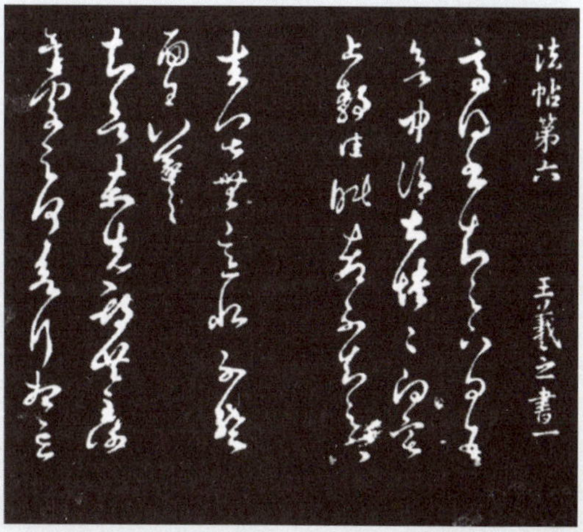

>>王羲之草书帖

华人德：王羲之小时候是跟着卫夫人

学字的，卫夫人的上代卫瓘写草书就是学的张芝。

究竟是什么把两位相差两个世纪、远隔数千里的书法圣人联系在一起的呢?

唐代草书大家孙过庭的书法名著《书谱》，直接从草圣张芝和书圣王羲之切入："夫自古之善书者，汉魏有钟张之绝，晋末称二王之妙。王羲之云：顷寻诸名书，钟张信为绝伦，其余不足观。"王羲之认为，钟繇、张芝的书法是超常人的，领先时代，他只把钟繇、张芝两个人放在眼里。

傲视群雄的书圣王羲之，对张芝却谦让三分。

对此，敦煌遗书《沙州都督府图经》也有相同的记载：王羲之《皤书论》云："临池学书，池水尽墨，好之绝伦，吾弗如也。"显然，王羲之曾亲眼看到过张芝的墨迹。或许，在王羲之看来，200年前那位敦煌书法家张芝才是能够与他对话的知音。

1 000多年来，一代又一代草书大家从张芝身上汲取精神营养，向草书艺术的最高峰发起冲刺，谱写了中国草书气势磅礴的宏伟交响，留下了无数光耀千秋的传世名作。

"忽然绝叫三五声，满壁纵横千万字"的狂草大师怀素，自谓他的草书得益于"二张"，也就是张芝、张旭。

孙过庭多次提到他一生都将张芝的草书作为蓝本，称"张芝草圣，此乃专精一体，以致绝伦"。

明代草书大家王铎自道运用"张芝柳露草法，拓而为大"，开创了令人叹为观止的大幅草书。

沃兴华：西晋时，敦煌地区最有名的书法家索靖，也是当时全国领先的，晋武帝非常喜爱他的书法。

索靖是张芝的外孙，敦煌郡龙勒县人。曾做过尚书郎、雁门太守、酒泉太守、左卫将军。

索靖擅长章草，他继承了张芝的衣钵，又创造了自己的风格，当时有人这样评论：精熟至极，索靖不及张芝；而妙有余姿，则张芝不及索靖。

可见，索靖的书法成就足以和张芝媲美，时人称之为"亚圣"。

位于敦煌阳关脚下的龙勒古城是索靖的故乡。西汉时叫龙勒县。北魏时期在这个地方建了一个郡，叫寿昌郡。

索靖选择了与舅爷完全不同的生活方式。他从小在龙勒城读书，后考入京城上太学。毕业回乡，不久被举荐到朝廷做官。他不仅饱读诗书，书法绝世，而且带兵打仗也屡建奇功，直到战死沙场，一生轰轰烈烈，可歌可泣。

2003年，一件相传为索靖所书的章草书法作品《出师颂》在中国嘉德拍卖会上亮相，引起轩然大波。

这曾是故宫最负盛名的一件书法藏品，被认为是西晋大书法家索靖唯一存世的真迹。唐代时被太平公主收藏；宋代绍兴年间收入宫廷；明代由大收藏家王世懋收藏；清代乾隆皇帝把它收入《三希堂法帖》。1922年，此卷被溥仪携出宫外，抗战胜利后失散民间，2003年失而复得。最后，故宫博物院以2 200万元天价从嘉德拍卖行回购了《出师颂》。

索靖的遗迹已无处可寻，但张芝墨池的旧址还有据可查。

敦煌遗书里，有一首李翔的诗：《秋日过龙兴寺观墨池》，写作者在去龙兴寺的路上经过墨池，池边霜染的红叶、青青的竹叶让诗人想起了草圣张芝。

敦煌卷子《敦煌二十咏》中有一首《墨池咏》也是称颂张芝墨池的：昔人精篆素，尽妙许张芝。圣草雄千古，芳名冠一时。

据李正宇先生考证，《敦煌二十咏·墨池咏》的写作年代，当在公元841年~公元871年。在此之前，敦煌已经有人开始对张芝墨池遗迹的寻访。《沙州都督府图经》记载：开元四年，敦煌县令赵智本寻访到了张芝墨池。在敦煌城的东北角效谷东挖出了墨池，挖出的砚大概一尺五大。

此后，张芝墨池得到精心修葺，县府还为张芝修了庙宇，立了塑像。

历经千余年的朝代更迭、战乱劫波后，张芝庙宇、塑像早已荡然无存。20世纪80年代，有单位在敦煌党河西岸修楼挖地基时，曾挖出大量黑色淤泥。地基的位置正好在汉唐敦煌郡城东北角，也就是张芝故居“北府张”所在地。

李正宇：很可能就是墨池的所在地。

这个发现还没有得到进一步证实，高楼大厦已拔地而起。张芝墨池的最后一点印记被永远埋在了楼宇之下。

叁

写经风流

拥有万卷宝藏的敦煌藏经洞，是一座巨大的古代历史文化档案馆，也是一座中国书法宝库。

敦煌写经，篆、隶、楷、行、草五体具备，精品不胜枚举，从中可以看到中国书法衍变的全过程。

1900年夏天，莫高窟道士王圆篆闲极无聊，拿着点旱烟的芨芨棍在16窟甬道的墙壁上乱戳，没想到这一戳竟戳出一座震惊世界的藏经洞。他更没想到，此后他竟被国人戳了100多年的脊梁骨。

6万卷古代文书问世之日，正是八国联军火烧圆明园之时，摇摇欲坠的清王朝，哪里顾得了西北边陲新出土的国宝？数万卷遗书被闻讯而来的英国人斯坦因、法国人伯希和、俄国人奥登堡、日本人吉瑞超用一点儿散碎银子从王道士手中骗走，剩下的又被各级贪官污吏趁火打劫，最后留在国内的敦煌遗书仅有万余件！

这批珍贵文物流散出去，立即轰动了全世界。

王岳川（北京大学书法研究所所长、教授）：17号洞仅19立方米，却藏经5万多卷！但外国人拿出去3万多卷，也就是60%到了西方，这是中华民族的巨大损失。正是这些经卷出去后，西方人才第一次认识到古老、衰败的中国竟然有如此精深的历史、伟大的文献。甚至大英博物馆及欧洲很多博物馆都以收藏了多少卷敦煌写经为荣。

现在，这些卷子和残片散布于世界9个国家和地区的80多个博物馆、图书馆、文化机构和私人手中。

痛惜也罢，愤怒也罢，敦煌学毕竟由此起步，并在此后成为风靡世界的国际显学。

敦煌写本跨十六国，隋、唐、五代、北宋等十多个朝代，穿越时空七个世纪，囊括学科数十种，内容涉及宗教、政治、经济、军事、交通、地理、历法、契约、户籍、文学、医学、数学、音乐、书法等领域，除汉文写本外，还有突厥文、吐蕃文、回鹘文、西夏文、粟特文、梵文、吐火罗文等多种古代民族文字，卷帙浩繁，举世罕见。

敦煌遗书绝大多数是手书写卷，它保留了延续时间最长、数量最多的中古时期书法墨迹。其书体之完整、笔法之多姿、风格之奇巧、功力之深厚，令人叹为观止。它是中国书法史上最完整、最鲜活的原始档案。

郑阿财（台湾南华大学教授、敦煌学家）：敦煌写卷数量庞大，最重要的是它的时代跨越度很长，是整个中国的文字字体从隶书到楷书的发展历程。

根据近些年国内外公布的编号和目录估计，敦煌遗书中大约有400多种、32 100多卷不同名目的佛经写本，约占遗书总目录号的85%。

3万多件佛经的抄写，是一项十分浩大的工程。

在中古漫长的历史时期，上至达官贵人、下至僧俗百姓，都以最大的虔诚，抄写、捐献佛经表达自己对佛祖的皈依。

十几个朝代形形色色的书体文本源源不断地汇集到莫高窟寺院，并不可思议地保存到了今天。

敦煌的写卷是多层次的，从士大夫官方的文书到民间的文书，它实际反映了现实里使用文字的所有面貌，是其他传世文献里没有的。

敦煌是佛教传入中国的第一站，十六国时期，是全国佛经翻译中心。佛教的日益盛行，使佛经的手写本供不应求。

到寺院捐献抄经的善男信女并不是人人都会书写，即使会，也不见得有那么多时间和精力抄写，所以很多人买抄好的佛经。由此催生了中国书法史上最大的书法群体——经生，由此形成一个专门的书法流派——写经体，也称敦煌体。

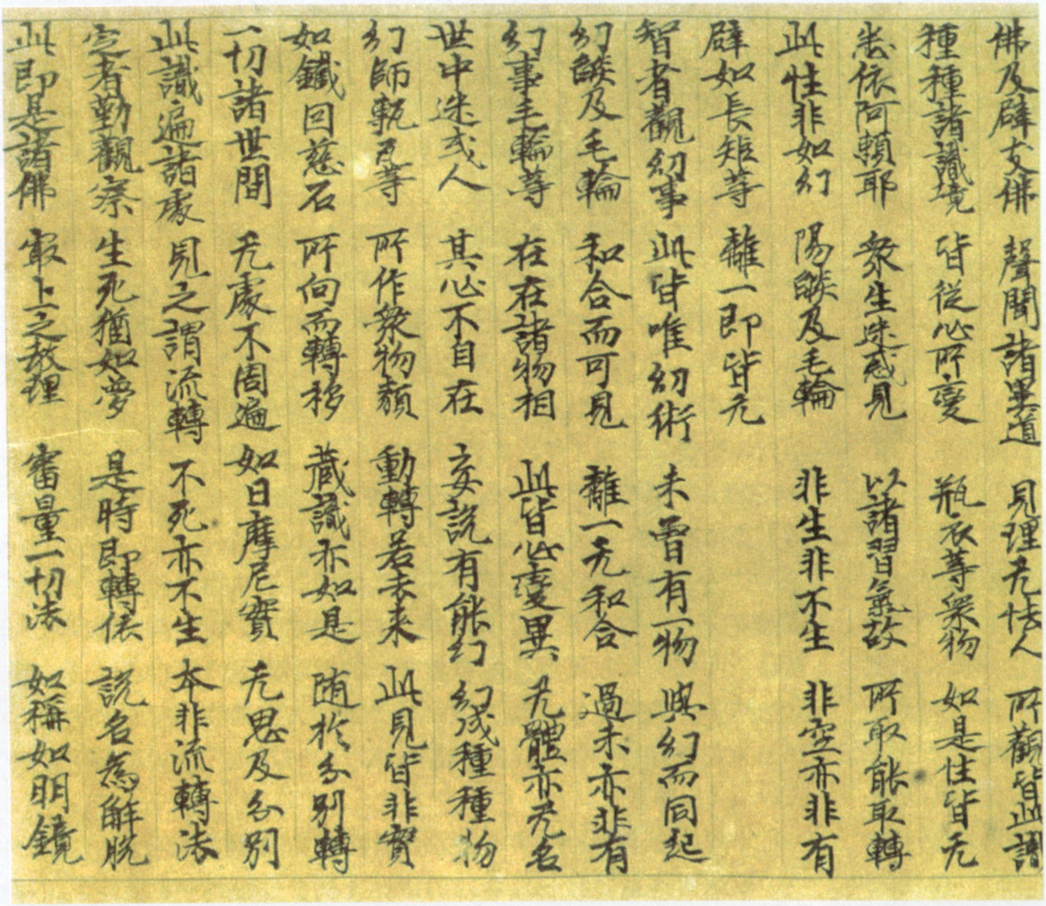

>>敦煌写经

因为学习写经的人练字时，是用前人写的经本做范本，一般佛经不用草书写，都用楷书工工整整写。

沃兴华：当时人看经，不仅看经文还看他的书法。对书法品头论足，已成为当时的一种文化。

唐代官方寺院的写经，卷尾都罗列着详尽的抄写情况，如抄写年代、抄写人姓名、用了多少张纸，还有“后期制作审查班子”的职称和署名。《妙法莲华经》的末尾，有经生王思谦署名，并列有装潢手、初校经生、再校经行寺僧、三校经行寺僧的名字，还有3位高僧大德详阅，最后是判官、监制，共11项落款。可见唐代的写经行业已经有了十分正规和严格的抄写范式。

刘正成：当时的抄写制度是国家政府建立的，包括抄经，为什么叫典校官呢？是政府任命的官员去抄经的。是当时文化的高端产品，不是一般的书写。

窦侠父（中国敦煌吐鲁番学会理事）：经生是有专业职称的，典经师和写经师相当于现在的高级职称。

唐代敦煌城里有官办的经坊，经坊里的写手都经过严格的书法基本功训练，并通过考试选拔出来的。大英图书馆藏5 824号卷子《经坊供菜关系牒》，详细记录了经坊的人员编制和生活待遇：经坊设典校官5人，供应蔬菜17驮；写经者25人，供应蔬菜85驮。还有38个临时雇用者，他们生活所需的蔬菜都由政府命令地方部落提供，说明经坊是官办的抄经机构。

敦煌名门窦氏家族收藏的敦煌遗书《金刚般若波罗蜜经》，写于唐总章二年二月八日，署名“敦煌令狐石住”，这位令狐就是一位地地道道的敦煌经生。1940年，大书法家于右任曾为此卷题写了跋，对这部写经的书法艺术给予高度评价：“书法极开展，写经中上等手笔也。”

敦煌市博物馆收藏的《妙法莲华经》同样来自敦煌窦氏潜心斋，这是写经体的典范之作，书法笔笔精到，字字珠玑，气脉贯通，精妙绝伦，显然出自写经高手之笔。

宫廷写本，是写经中的最上品。唐代皇帝大多信奉佛教，内阁六省之一的门下省有专门的书法班子，人称“群书手”。皇帝敕令群书手将重要的佛经经典“各写十部散流海内”，敦煌藏经洞的宫廷写经，正是朝廷赐给的副本。

华人德：经有专门固定的写法，一般写经都是每一行17个字，它对字数的统计、校对有好处，可以校对有没有漏字，只要看第一个字和最后一个字就可以看有没有漏字。

有人检查过，一部8 000字的敦煌佛经，几十米长卷中只发现了一个错别字。

敦煌写卷始于西晋，扩于北朝，盛于隋唐，终于五代、宋初，这是中国书法发展最关键的时期。在敦煌的卷子中，能不能找到书法衍变的脉络和轨迹呢?

敦煌的数万卷写经中，篆书、隶书、楷书、行书、草书五体俱全，翔实地记录了汉字在隶变完成后向唐楷过渡的全过程。

残存的《篆书千字文》带有很重的楷书味。它上承魏晋，下启宋元，在篆书历史上具有划时代意义。

敦煌遗书中没有标准的隶书，但魏晋南北朝时期的写本明显受到隶书和魏碑的影响，既保留了隶书、魏碑的痕迹，又摆脱了隶书、魏碑的拘束。这种写法甚至影响到了宋代苏东坡的书法。

唐代以后，敦煌楷书技巧炉火纯青，艺术表现得淋漓尽致，传世精品不胜枚举。

敦煌遗书中的草书《佛经疏释》锋芒毕露、豪迈洒脱；《文心雕龙》结体瘦长、风姿绰约；《书函》章法错落、大开大阖。中间还夹了一节王羲之《兰亭序》的临摹，透露了书家书风的来源。

中唐以后，敦煌卷子的行书逐渐增多，书体相当流利，字迹像现代人写的钢笔字。

李正宇（敦煌研究院研究馆员、敦煌学家）：经过对比发现，它和原来毛笔书法大不相同，完全是和现在用钢笔书写或者是用圆珠笔书写的字体一样。

这些类似钢笔字的文书有儒家典籍、治病药方、寺院账册、官府文牒、借贷契据、学童习字等，各种文体洋洋大观，很多是失传的传统文献。据考证，这些字都是用改良过的木笔、竹锥笔、苇管笔、骨笔、红柳木笔蘸墨写成，和近现代从西方引进的蘸水笔十分接近。

李正宇：在武威张义堡一个西夏遗址里，发现西夏时期一个竹管，竹子削成尖尖的，中间开了一道缝，就像现在的钢笔一样，用它蘸上墨汁写字，可以说是钢笔的老祖宗。

这种从西汉到元代在敦煌地区普遍流行的硬笔书法，证明了西汉以来，硬笔书法依然存在和流行于日常书写应用之中，出人意料地填补了中古时期硬笔书法的空白。

李正宇：中国书法最早是从硬笔书法开始的。我们从最早可以认定的文字甲骨文开始，甲骨文其实就是硬笔书法。汉字硬笔书法起源于殷，盛行于商、周、秦代，式微于毛笔出现后的秦汉至民国时期，20世纪后半叶硬笔再度成为汉字书写的主要工具。中国书法史不只是毛笔书法一统天下，还有更加源远流长的硬笔书法。

在十分讲究传承的中国书法领域，敦煌的经生们从哪里汲取书法艺术的充足养分呢？

敦煌藏经洞中有一幅大书法家欧阳询所书的碑刻拓本，这说明，欧阳询早就是唐代敦煌经生楷书训练的模板了。

大名鼎鼎的柳公权写的《金刚般若波罗蜜经》，在敦煌卷子里也有卷装拓本，首尾完整，纸墨如新，笔锋刚健俊秀，结字坚挺匀称，是纯正楷书的范本。

唐太宗李世民行书《温泉铭》的拓本，共存15行。李世民酷爱书法艺术，这幅行书雍容大度，绮丽洒脱，有明显的二王书风。

众所周知，唐太宗酷爱二王书法到了疯狂的程度，他甚至将《兰亭序》做了他的陪葬品，不惜让王羲之书法真迹从此绝迹。

在唐代敦煌，王羲之作品流传甚广。

唐太宗夺天下后，他叫大家学王羲之的书法，王羲之作品大量复制。作品的风格影响到敦煌地区。

敦煌写卷中发现了王羲之《十七帖》的临本三帖，分别是《龙保帖》《瞻近帖》《得足帖》残片，都是唐代临本。唐以后王羲之真迹荡然无存，现在看到的多为宋代以后翻刻、临摹的，而唐代临本存世的也不过十余件。

法国国家图书馆藏有一篇《兰亭序》全文，是经生临摹王羲之的作品。还有王羲之的书法论著《笔势论》残卷。它可以证明，在宋以前，王羲之的《笔势论》已在敦煌民间传抄开了。

唐代以后，王羲之书法已深深地植根于敦煌大地，融入敦煌书法家的血液之中。说明南方的书法对北方开始有影响。

从东晋王羲之敬慕张芝墨池，到唐宋敦煌经生追捧兰亭墨迹，千百年来，南北书风互相渗透，兼容并包，共同铸就了中国书法的繁荣盛世。

肆

翰墨千秋

为后世留下万卷书法墨宝的敦煌写经人，却很少留下他们的名字。

鲁迅名著《孔乙己》中“孔乙己”的名字是怎么来的？鲁迅先生这样解释：因为他

姓孔，别人便从描红纸上的“上大人孔乙己”这半懂不懂的话里，替他取了一个绰号，叫做孔乙己。

从敦煌遗书里，我们找到了这个习字帖的全文：“上大夫，丘乙己，化三千，七十士，尔小生，八九子，佳作仁，可知礼也。”

这是古代学童习字入门阶段最为普及的教材。也有些写本写作“上大人，孔乙己”。全文仅有25个字，笔画简单，容易书写，而且琅琅上口，通俗易懂。

郑阿财（台湾南华大学教授、敦煌学家）：虽然只有25个字，可是这25个字已经隐含了中国书法的基本结构。

面对古人的书法墨迹，许多现代人都发出这样的慨叹：为什么古代人人都写得一手好字？

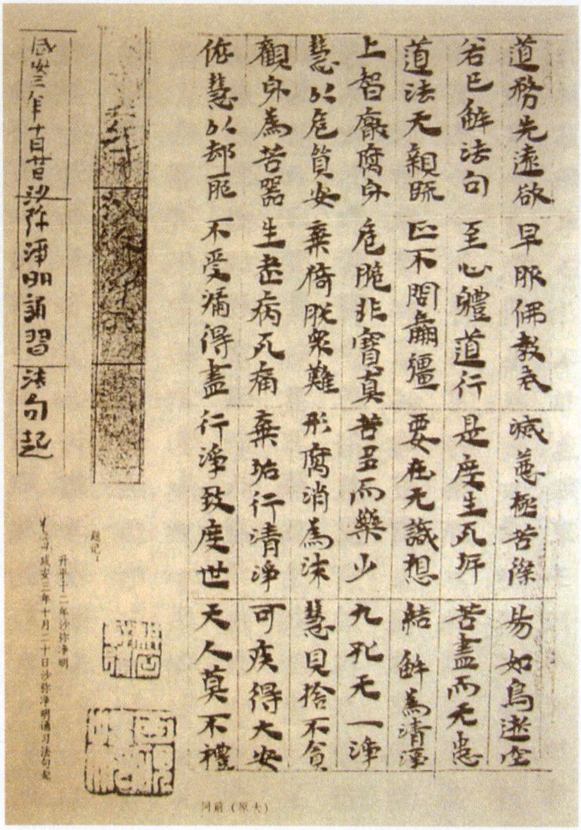

>>敦煌写经

王小宇（酒泉市书法家协会副主席）：这是一个文字背景的问题。那时的文字背景是篆书或隶书，而我们认识的汉字首先是楷书的印刷体，这就造成了当代人写的字和汉代人写的字构型不一样。

古今练习书法的方法也大不一样。唐代学童认字和写字不是完全同步。

郑阿财：古代人把认识字跟写字分开，《千字文》读完就认识1 000个字，可是写“上大夫孔乙己化三千七十士”，很简单，在写的时候，每个字写一行、两行，把结构弄熟悉。其实小孩子可以认识很生、很难的字，看一遍就认得，但不一定会写。现代教育把识字和写字合在一起，缺少了从易到难循序渐进的系统书法练习。

《千字文》是梁武帝时期的周兴嗣从王羲之书法中选择1 000个不同的单字编写而成。内容包罗天文地理、历史演变、文学艺术、修身治国、礼仪规范等，对仗工整、音韵铿锵、文采斐然，是中国流传年代最久远，使用最广泛的识字和书法教育的教材。

敦煌写本中《千字文》习字本超过50件。证明《千字文》在唐五代时期的敦煌地区广为流传，受到各阶层、各民族的普遍欢迎。

《千字文》1 000个字没有重复的，熟记后就认识1 000个字，有了“上大夫孔乙己”的基本笔画，再写千字文，对1 000个字的结构就更加熟悉，所以过去只要受过教育的，他们拿起笔来就可以写出一手好字。

在一份唐代学生写字作业的原件《千字文》的卷子上,第一个字是老师写的示范字，学生在后面跟着写，每个字写30~100遍，上面还标注了日期，规定了每天的作业量，大概是5个单字。这份作业上还保留了唐代老师批改的“手迹”。

后面写到“渐有少能，亦合甄赏。休。”意思是说，老师看完了这个学生的作业，认为写字逐渐有进步了，应该好好地奖赏你、甄赏你，最后“休”，老师说我已阅读完。

并不是每个学童都这么用功，也有调皮捣蛋不写作业的，按照当时学堂的规矩，他们无一例外会受到鞭挞体罚。

莫高窟第468窟的《药师经变》壁画，展现了唐代学堂的场景：只见老师端坐中央，台阶下一个学童缩着身子，微微翘起屁股，无辜的眼神回望着身后的助教，助教则高举教鞭，正准备抽打学子。其他学童坐在廊下，一副敢怒不敢言的神情。

从汉代起，敦煌的教育就很发达，西凉时期曾设过太学，也就是现在的大学。唐宋时期，设有州学、县学、寺院办的寺学，还有私塾。在考取功名和成为经生之前，学子们要经过漫长而枯燥的学习训练。百般无奈、穷极无聊之际，偶尔信手涂鸦或写打油诗就成了他们发泄郁闷、表达心中梦想的最佳渠道。

这些打油诗都写在敦煌写卷的末尾或背后，也有夹在卷子中间，写在空白处的，看似漫不经心，无意中却透露了唐代学子真实而复杂的内心世界。

面对繁复的抄写功课，一个顽皮的小家伙便以捉弄同学为乐，将打油诗写在同学的《千字文》课本上，还以为自己的恶作剧不会穿帮而洋洋得意：

今日书他智（纸），他来定是嗔。我今归拾（舍）去，将作是何人？

法藏敦煌卷子《论语集解》卷四末尾有一首孟郎郎写的学郎诗：由由（悠悠）天上云，父母生我身，小来学李（里）坐，今日得成人。

要想长大成人，就必须从小在学堂里努力学习，这是学郎们的共识。

还有更直白的表达：清清（青青）何（河）边草，游（犹）如水鳥鳥，男儿不学问，如若一头驴。（京生字25）

在敦煌学子们信手涂写的诗句中，竟然还有不少爱情诗题写在佛教经典的背面。可见唐代社会的开放和包容。

情窦初开的青年学子们对爱情的向往大胆而直白，没有丝毫的忸怩作态：那日兜头见，当初便有心。数度门前过，何曾见一人。（京玉字91）

这分明是一种单相思，还有更火辣的爱情道白：今日好风光，骑马上天堂。须（谁）家有好女，家（嫁）如（与）学士郎。

这首诗真情流露，豪迈奔放，表现了唐代敦煌青年朝气蓬勃、舍我其谁的火热情怀。

经受了十年寒窗之后，这些学子中的很多人加入了敦煌文书抄写者的行列中。

敦煌的抄经人分3类：一类是僧人；二类是学士或称学士郎；三类是经生或者写生、书手。他们以抄书谋生，什么书都抄。写字较差的经生只能为穷人抄写经书，报酬微薄，没有保障。常常遇到施主不讲信用，报酬化为泡影的窘状：今日写书了，因何不送钱？谁家无赖汉，回面不相看！（京宿字99）

胡适先生曾引用过这首打油诗，称之为“写书手的怨诗”。他感叹道：“可怜我们沾千年后的同情心，已不能救济他们的贫困了”。

另一个穷经生也在题记中袒露了自己的苦衷：今日写书了，合有五升麦，高代（贷）不可得，还是自身灾。（S.692《秦妇吟》卷末）高利贷借不得，因为还债是更大的灾难，还是继续抄经糊口吧。

“可怜学生郎，每日书一张。看书佯度日，泪落数千行！”（中国书店藏《社司转帖》卷末）他们也曾书生意气，傲视群雄；也想建功立业，青史留名。但面对贫困的生活，又只好放下满腔的抱负，忍受心灵的折磨，为五斗米折腰。他们以泪和墨、以血磨砚，终其一生，为后世留下锦绣文字，却大多连自己的名字都没有留下。

敦煌藏经洞60 000件经卷文书中，留下姓名的仅有203名，大多数是施主、供养人和收藏者的名字。

2005年冬天，《中国书法全集》主编、书法家刘正成先生到大英博物馆和大英图书馆，想亲眼看看被斯坦因劫掠的敦煌汉简和写经。

馆长吴芳思对他说：“20年前启功先生来过，20年后你来了。对敦煌文献研究的书法家就来了你们两个人，其他都是研究敦煌学的学者。”她很欢迎中国书法家去研究敦煌简牍的书法和写经的书法。

敦煌遗书所展示的中华先民的书法真迹，以及书写中的丰富变化，在国际书法界曾引起过很大震动。20世纪60年代，著名敦煌学家、书画家饶宗颐先生帮助日本二玄社编辑出版了60册《敦煌书法丛刊》，这套丛书在日本影响很大，敦煌书法的学习在日本掀起了热潮。时至今日，还有日本学者不远万里到敦煌考察十六国时期的墨迹。

20世纪80年代以来，随着国内书法热再度兴起，大批敦煌书法专著相继出版，敦煌书法研究开始有所改观。另外，收藏于英国、法国、俄国和国内各大图书馆、博物馆的敦煌写卷影印本也全部在国内出版，可以让更多的人走近敦煌书法。

国内最早注意到敦煌写经书法的书法家们，从敦煌的书法宝库中获取了充分的滋养。

刘正成：写经的书法对我的行、楷书影响很大。我不愿意写像欧阳询、柳公权这样的楷书。我愿意写敦煌写经上的那种楷书，自由。

饶宗颐：永远不要低估古人的智慧！敦煌书法所昭示给后人的，绝不仅限于简单的创作技巧，在那包罗万象、博大精深的古代艺术宝库中，包含着繁星一般闪烁着诱人光芒的新课题。而每一个发现都会引发更多的发现——这就是它的巨大魅力所在。

21世纪的中国，正在以前所未有的速度创造着令世界惊叹的经济奇迹。与此同时，人们工作生活节奏的快捷化，大众文化消费的快餐化，文化传播方式的电子信息化，使得中国传统艺术日益丧失了人文背景和现实土壤。互联网时代的到来，使越来越多的学子远离了书法，越来越多的中国人告别了纸和笔。有人担心，在键盘和鼠标的敲击声中，有着5 000年历史的中国书法艺术，会不会从此成为绝响？

传统和创新的课题早在1 000年前的敦煌就已得到了完美解决。作为中西文化交流的前哨，敦煌见证了中华民族大规模地走向欧洲、走向世界的文化输出和文化拿来。在这里，人类四大文明和谐共处，交流融合，中国文化非但没有被西方同化，反而吐纳吸收、自我创新，获得了空前的创造力和凝聚力。

在世界经济一体化的今天，国际间的竞争正在逐步显现为文化软实力的竞争。作为正在崛起的东方大国，我们的当务之急就是要从文化拿来走向文化输出。

通过中国书法家协会和中国书法院的积极申报，2009年9月，联合国教科文组织正式将中国书法、篆刻、安徽宣纸同时列入人类非物质文化遗产名录。同时列入的雕版印刷也与书法有着莫大的关系。这标志着人类艺术体系中历史悠久、独一无二、丰富多彩的中国书法开始大步走向世界。

申遗不是目的，申遗最终的目的还是保护和促进这门艺术的繁荣和发展。

走过数千年风雨历程的中国书法，不仅是中国人的文化胎记，也是全人类共同的精神文化财富，每一个华夏子孙都负有传承发扬书法艺术的神圣责任。

1993年，年逾花甲的流萤先生从甘肃省人大常委会副主任的岗位退下来，他迫不及待地着手建设兰州碑林。他要把敦煌汉简、淳化阁帖、敦煌写经以及历代书法家的名作刻于碑林，传于后世，以了却几十年的夙愿。

2000年，凝聚了流萤先生毕生心血的兰州碑林终于在兰州白塔山西峰之巅落成，但

78岁的流萤先生却积劳成疾，于2005年11月不幸去世。

走进兰州碑林，仿佛走进了中国书法长廊。这里精选了从远古到2000年期间的书法精品，每一块石碑后面都站立着一个彪炳千秋的人物，铭刻着一段可歌可泣的故事。

秦汉简牍、敦煌写经是自问世以来首次大规模刻石，它们与肃府本《淳化阁帖》一起，被称为兰州碑林的“镇馆之宝”。

存于《淳化阁帖》的草圣张芝的《冠军帖》被放大，作为甘肃历代书法名家的第一块碑，镶嵌在碑林西廊，供万世瞻仰。

碑林的主体建筑“草圣阁”以草圣张芝命名。著名雕塑家何鄂创作的万年青花岗岩张芝雕像伫立在碑林中央，他手执笔管，面朝黄河，似乎正要奋笔疾书，洒下满纸云烟。这位布衣书生的雄伟身姿，是碑林永远的旗帜，是华夏民族自信的依据与历史的荣光。

>>兰州碑林

穿越时空的盛典

宁明是位于中国西南边陲的一座小县城。一条江水绕城而过，在江边高耸的峭壁上，分布着数不清的怪异图案。

壹

神秘的怪异图案

当中最大的人像高3米，头插雉尾、手执匕首、横刀立马，俨然是一位首领。在他的周围，分立着许多高约一米的人，他们体态粗圆，手臂向两侧平伸，肘部弯曲上举。有的头部呈粗方形，头上有倒八字形饰物，腰佩长刀；有的身体侧立，双手托举，显得恭敬肃穆，仿佛虔诚的信徒在向神灵膜拜。

他们围绕着3米高的人像，起舞跳跃，挥刀持盾，画面非常鲜活。

然而，似乎从来没人知道这些神秘的图案是从哪里来的。祖祖辈辈生活在花山的人们每天日出而作，日落而息，没人注意峭壁上的奇异图案，更不会有人去猜度它们的来历。

20世纪80年代，广西民族研究所对区内的岩画进行普查，花山上的怪异图案是他们考察的重点。

原广西民族研究所副所长覃圣敏曾长期从事民族历史的研究工作，在1985年的普查中，他担任考察队副队长，负责田野考察和文字记录工作。

壮语中花山被称为“岜莱”，“岜”是山，“莱”则是斑驳的麻点。原来，花山并非开满鲜花的山，而是由于岩壁上的红色岩画而得名。

在清末编写的《宁明州志》中，有这样一段文字：“花山距城五十里，峭壁中有生

花山壁画： 花山壁画狭义是指广西壮族自治区宁明县花山的崖壁画。广义是指考古工作者先后在凭祥、龙洲、宁明、崇左、扶绥、大新、天等等壮族聚居区的左江流域各县发现的崖壁画。花山壁画是上述各地崖壁画的代表作。因此，把左江流域各县的崖壁画统称为花山崖壁画。

成赤色人形，皆裸体，或大或小，或执干戈，或骑马。未乱之先，色明亮；乱过之后，色稍黯淡。又沿江一路两岸，崖壁如此类者多有。”

贰

是谁画了这些图案

在这么偏远的地方，是谁留下了这些震撼世人的伟大遗迹呢？

覃圣敏认为，花山岩画的主人很可能是生活在这里的少数民族先民。现在生活在左江流域的，除了壮族，还有苗族、瑶族等，而历史上曾在广西生活过的少数民族数量更多，哪一支才是岩画的主人呢？

关于花山岩画的记录，最早见于宋代李石的《续博物志》：“二广深谿石壁上有鬼影如澹墨画，船人行，以为其祖考，祭之不敢慢。”

“祖考”，就是祖先。早在宋代，这里的百姓就把岩画上的形象看做是自己祖先的神灵，经常前来祭拜。也就是说，花山岩画的创作年代必然要早于宋代很久。

在随后的研究中，考察队发现，要弄清岩画的具体年代的确不是一件容易的事。

大家发现，在分布广泛的岩画中，描绘有许多典型的器物形象。

考察队决定，先从岩画中描绘的特有图像入手。如果能找出年代明确的典型器物图像，与现有考古发现中的同类器物进行比对，或许能推断出花山岩画的创作时间。

之前，也曾有学者提出过相似的断代方法。认为画面上随处可见的环首刀应该是汉代的器物，因此推断岩画的年代是汉代。

覃圣敏认为，环首刀作为一种依据可以，但作为唯一依据就存在问题。

铁制环首刀的确只在东汉墓中出土过，但铜制环首刀在战国就出现了。于是，一个令人尴尬的问题产生了。

由于年代久远，风蚀日晒，岩画上的图案大都难辨细节。画面上的环首兵器，是刀还是剑？是铜制的还是铁制的？这个问题不解决，岩画的年代就无从判定。要获得比较准确的年代信息，必须选取画面中最具代表性的图像。考察队终于找到了符合要求的图像。

有一个图形经过辨别，考察队认为，很可能是羊角纽钟。

>>花山壁上数不清的怪异图案

目前，只在云南、广西、广东发现过它的踪迹。考察队推断，花山岩画的创作年代大约在战国至西汉时期。

此外，还有另一种钟形图像，同样是花山岩画中极为典型的图像，它与羊角纽钟有些相似，这又是一种什么器物呢？

覃圣敏想起，越南曾出土过一种细纽钟，与岩画中的钟形图案非常相似，只是岩画中的钟没有倒八字形细纽。

细纽钟的年代要略早于羊角纽钟，后来又和羊角纽钟共存。据此推断，花山岩画的年代大约在春秋战国。

沿着这条思路，考察队找到了第三个典型图像：一幅渡船图像。船身被捕绘成一条粗弧线。船上的侧身人头部都装饰着倒八字形的头饰。

广西普驮西汉墓出土的铜鼓，刻画有相同形制的渡船纹。由此推断，岩画的创作年代在战国到西汉间。

随后，考察队发现了扁茎短剑和交媾图，岩画的创作年代指向了战国中期至汉代。

考察队还发现在花山的岩层上，生长着许多钟乳石。有的钟乳石把岩画遮住了，这种情况被称为“石压画”，而有的岩画则画在钟乳石上，被称为“画压石”。

石压画，说明先有人画了岩画，然后才被后来形成的钟乳石所遮盖，岩画的创作年代也就早于钟乳石形成的年代；而画压石则说明先有钟乳石，然后才有人在上面创作岩画，作画的年代必定要晚于钟乳石形成的时间。

理论上说，如果知道钟乳石的形成时间，岩画的创作年代也就不难算出了。

考古研究中，检测文物年代，常使用碳14测年法。地球上的生物，会持续不断吸收碳元素，死亡后，体内的碳14开始衰变直至消失。任何含碳物质，只要测定其碳14的剩余含量，就能推断出它的年代。

北京大学考古实验室的专家对岩画进行了采样，并带回北京进行测试。然而，结果却让覃圣敏有些意外。

覃圣敏：数据出现巨大差异。

为什么会出现这样的情况呢？原因就在考察队当初提出的两条原则上。

岩画上的钟乳石，如果在岩画创作不久就形成了，它的年代与作画年代最为接近。同样的道理，形成不久就有人在上面作画的钟乳石，它的形成年代与作画年代也最为接近。

按照这个逻辑，用上限减去下限就是作画的年代区间。

但在比对中发现，以“画压石”样品中年代较晚的2 370年为年代下限，而以“石压画”样品中年代较早的2 420年为年代上限，虽然同样可以断定岩画的创作年代在战国时期，但作画年代的上下限之间只有短短50年。

从花山岩画的规模判断，整个岩画创作绝不可能是在短暂50年间完成的。

有学者指出，钟乳石与画，实际上就相当于考古地层中的上、中、下三层。覆盖在岩画上的钟乳石相当于上层，岩画本身相当于中层，而被作画于其上的钟乳石相当于下层。

在花山陡峭的岩壁之上，考察队是否能够找到既在同一位置上，属于同一画幅，又与岩画间存在覆盖和被覆盖两种不同叠压关系的钟乳石样本呢？

覃圣敏：理想标本很难找到。

如果找不到理想的钟乳石样本，就无法获得准确的实验数据。

>>花山壁上数不清的怪异图案

考古实践中，已知两地地层上或下层，

又存在共同或相似“文化层”，可以推断未知的地层。

“石压画”，相当于甲地的上层；而“画压石”相当于乙地的下层。既然能够测出不同类型钟乳石样本的年代数据，那么，应用地层学知识，自然就能推知岩画的创作年代。

最后，经过数据比对，覃圣敏发现，花山岩画的创作年代集中在战国至西汉年间。为保险起见，将这个年代向前后推拉一个时段，最终，作画年代被锁定在春秋到东汉之间。

叁

关于神秘图案的争论

普查结束后，考察队在中国历史博物馆举办了“广西左江流域岩画展览”，并邀请众多考古、艺术、民族学和宗教界的专家前来观看。

座谈会上，专家们听取了考察队关于花山岩画“年代推断”部分的报告。著名考古学家苏秉琦教授肯定地说：作者运用的方法是正确而可靠的。方法正确，推断出的年代即使有偏差，也不会差得太远。

理清了岩画的创作年代，只是向前迈出了一小步。接下来是在浩繁的史料中循着蛛丝马迹，寻找岩画的主人。

从先秦到秦汉，在广西境内生活过的族群非常多，有苍梧、句町、夜郎、西瓯、骆越等许多支。如果岩画的主人是曾在这里生活的少数民族先民，会是其中的哪一支呢？

覃圣敏：苍梧、句町、夜郎都被否定。

与左江流域关系密切的族群只剩下西瓯和骆越两支。这就是说，花山岩画的主人应该是先秦到秦汉时期生活在这里的西瓯和骆越人。

随着考察工作的深入，覃圣敏发现，东汉后关于西瓯和骆越的记载渐渐从史籍中消失了。覃圣敏注意到，历经上千年的民族融合，骆越、西瓯逐渐统一并形成了一个新的民族：壮族。也就是说，花山岩画的主人是今天生活在左江流域的壮族先民。

20世纪50年代以来，学术界关于花山岩画的争论没有停止过。

有人认为：腰佩刀剑、身跨战马的高大人像，似乎是身份较高的军事首领；而那些相对矮小的侧身人，秩序井然，像是身份较低的士兵。这与现代人出征前誓师的情况有些相似，推断是誓师场面。

也有人认为：无数双手臂上举，更像是欢呼的人群。因此，推测是胜利一方欢庆的场景，是古代壮族先民为纪念一次大规模的战争胜利而绘制的。

第一幅是队伍集合图；第二幅是点将图；第三幅是队伍操练和誓师图；第四幅是战争图；第五幅是庆功图。

也有学者认为，花山岩画是原始社会末期，绘画向文字过渡阶段的一种语言符号。画面中佩环首刀者表示将领的符号；而数量众多的徒手、徒步，缠头的正面人形则是士兵的符号；至于画面中的一些圆形符号，则象征着地理重镇。

在花山山崖高约50米、宽200米的范围内，岩画的图像总数达1 800多个。考察队发现，这些画面之间，很多并没有相互衔接的逻辑关系。

在接下来的研究中，覃圣敏发现了一些更加细微的变化。从整体上看，花山岩画风格大致相同，似乎千篇一律。但仔细观察，发现在局部细节的表现上有些画幅之间存在着十分明显的变异。

第一类，圆头细颈，一种呈粗柱形，胸腰同宽；另一种宽胸细腰，胸与腰之间的外侧边线绘成直线。

第二类，头颈不分，一种为粗柱形，上下同宽；另一种宽胸细腰，腰线如腰鼓状。透射出图案化的意味。

第三类，不仅头颈不分，还连成一个细长的方形。构图也更加严谨，图案化的意味更为浓重。

第四类，已经高度简化，头、身、手、脚均以线条勾连而成，成了真正抽象化的符号。

这说明岩画中那些人像图案的不同风格，是在漫长的岁月里逐渐变化形成的。坚持认为岩画和战争有关的学者，主观地把整个花山岩画看成是一次绘成的，由多个场景组合而成的一幅画面，恰恰忽略了画面背后的秘密：时间。

肆

这些图案表现了怎样的故事

排除和战争有关的说法，创作者到底想通过这一幅幅奇特的画面讲述怎样的故事呢？

春秋战国时期，左江流域基本上还处于原始社会后期。秦始皇统一中国后，南征百越，在岭南设置了南海、桂林和象郡。从此，岭南地区纳入了中原王朝的统治。

随着中原文化的渗透，西瓯和骆越的思想文化也开始发生变化。这种变化是否会对当时岩画创作产生影响呢？

左江地属偏远山区，临尘又是偏僻县，名义上纳入中原王朝的版图，但社会形态并没有发生本质的改变，社会生产力依然十分落后。当地的土著居民在与中原汉民族的交往中，引进了一些先进的生产工具和技术，但人们的思想观念仍然停滞在原始社会后期，鬼神的观念始终占据着主导地位。

花山岩画都是画在悬崖绝壁上。当时的条件，左江流域的先民不可能有余力绘制规模庞大的岩画来供欣赏。如果不是重要的原因，人们决不会冒着生命危险去创作这些岩画。

而且，岩画中所有的图案统一被渲染成赭红色。在长达近1 000年的时间里，人们为什么唯独对红色情有独钟呢？仅仅是一种喜好，还是另有其他特殊用意呢？

考察队发现，不仅是色彩，岩画中所有人物的姿态相似、动作整齐划一。显然，这不是即兴表演的原始舞蹈，更像一种精心编排的集体舞。

而画面中的羊角纽钟、铜鼓等礼乐器，更加让考察队相信，人们的动作如此统一，应该是这些乐器节奏的作用。花山岩画更像是人们祭祀神灵时，按固定程式举行的集体歌舞场面。

如果真有神灵护佑着花山的人们，这位无所不能的神会是什么样呢？

覃圣敏在走访中了解到，壮族非常崇拜青蛙，以祈求五谷丰登。青蛙一次能产下众多的蛙卵，这恰好符合他们祈求多子的心理。幻想青蛙旺盛的繁殖能力转移到人类的身上。

>>陡峭的花山

在花山岩画中，人物形象千篇一律地描绘成双臂曲肘上举、双腿曲膝下蹲的样子。会不会是传说中蛙神的形象呢？如果真是这样，花山岩画很有可能是青蛙崇拜的遗迹。

在别的地方，是否也能找到蛙神崇拜的遗迹呢？从一位年轻时依靠打鱼为生的壮族老人那里，覃圣敏了解到，蛙神

>>图像人物表演整齐似在跳集体舞

崇拜在壮族人中十分流行。老人说，广西西北部的红水河流域，蛙神崇拜最为盛行，这让覃圣敏十分不解。如果岩画和蛙神崇拜有关，红水河边的崖壁上就应该有更多的岩画，但迄今为止，这一带却从没有发现岩画的踪迹。那么，认为花山岩画是蛙神崇拜的遗迹，这种说法也就值得商榷了。

覃圣敏认为，最有可能是祖先崇拜。

我们已无法得知数千年前壮族先民冒险攀上高崖作画的确切动机，因此，只能通过一些合理的想象进行推测。

左江流域，沿江而居着许多独立的氏族。他们会在各自的领地祭祀先祖。

而花山，无疑是所有氏族最重要的祖先崇拜圣地。因此，花山的岩画画面最大、图像最密集。这些被壮族先民赋予灵魂的形象，超越了氏族的范围，成为一个部落共同尊奉的神灵。

考察队发现，最低的岩画距离崖壁底端也有5米以上。壮族先民是如何攀上高崖，留下令我们感叹的岩画的呢？

崖壁光滑陡峭，即便是灵巧的采药人也无法徒手攀登。但崖壁下有些坠石形成的台地，如果利用地形，搭构一定高度的木架就可以作画。壮族人祖辈居住干栏式建筑，他们十分擅长结栅构架。左江两岸竹木茂盛，如果在山崖下搭起梯架，就能达到作画的目的。

可有些岩画的位置在峭壁的上部，靠搭架子显然行不通。先民是怎样完成的呢？

考察队发现，由于气候因素的作用，崖壁上形成了许多岩层裂隙，有些已被树根紧紧抱住。灵巧的壮族人经常利用这些缝隙爬上绝壁捕捉蛤蚧。

在花山南侧的一片崖壁下，一位采药人借助一棵崖下生长的树木很快地向上爬去。但没过多久，由于崖壁上部表面太光滑，加上没有可供支撑的植物，他已无法再向上继续攀爬。

如果作画位置靠近山崖顶端，以绳索为辅助工具，可从崖壁顶部悬吊而下到达作画处。可是，有不少绘有岩画的山崖，不仅十分垂直陡峭，而且没有裂隙可以利用。向上距离山顶很远，向下又直接凌驾于滔滔江面之上。要在崖壁上作画，显然是不可能实现的。

考察队从当地人那里得到了启发。在崇左驮角山，书有一个“魁”字，据说是清末的一个秀才在洪水暴发时，乘船到崖下写成的。

随后，考察队在花山最南边的石壁上发现了一些曾经绘制的洪水水位线标记，详细记录着涨水时间和水位高度，这些应该是人们利用高涨的水位乘船绘制的。

左江流域的壮族人大都随水而居。山洪暴发时，人们可以划船到崖壁下，利用高涨的水位作画。

在壮族人眼中，花山岩画之所以神奇，还有一个重要原因：历经2 000多年，岩画至今仍保持着最初的色彩。

在1985年的考察中，广西化工研究所高级工程师龙刚强曾对岩画的颜料成分进行过采样，并带回南宁进行了细致的化验分析。龙刚强认为，它可能是矿物颜料。广西有两种红色的矿物，一种是铁矿，以三氧化二铁为主要成分；还有一种是锰，锰矿也是暗红色的。光谱测定的结果，我们认定铁元素多，是铁系。

龙刚强认为，赤铁矿石没有黏性，又不溶于水，用它画画或写字很容易脱落。颜料中一定还存在一种物质，使颜料溶液具有一定的黏度，花山岩画才经受住了时间的考验。

进一步检测显示，一种含氮基的蛋白质起到了黏合的作用。这类胶质通常来源于动物体内。可直到今天，古人是如何掌握这种胶质和赤铁矿的搭配比例的，我们依然无从知晓。

今天，我们再次凝望这些人类先祖留下的遗迹，依然能够感受到画面中跳动的激情。2 000年前，壮族先民走出丛林，在漫长的岁月中，他们勇敢地与自然抗争，奋起抵御入侵，守护着自己脚下的土地，创造了灿烂的文明和精神家园。当时空在历史的车辙里穿越千年，花山上的盛典却依然向我们讲述着祖先不屈的传说。

远古的声音

1962年在河南省舞阳县贾湖村的荒地上发现了史前文物。20多年后在贾湖遗址开始了长达20年的考古挖掘，9 000年前贾湖先民的生活场景逐渐浮现出来。在大量出土文物中，贾湖骨笛是最重要的发现，是保存最完整、出土最多，还能准确演奏的最古老乐器。

壹

地下的秘密

1962年夏天，舞阳县文化馆文物专干朱帜被下放到贾湖村劳动。一天，他在村子东边开荒时，发现村边凹地里散落着几块陶片，陶色暗红、质地古朴，他意识到可能是古代文物碎片。他在土坡和壕沟里，又发现了少量骨头碎块和类似古人用火后留下的红烧土块。

朱帜认为这可能是一处原始村落遗址。限于当时条件，朱帜难以断定这个遗址的规模、文化时期。由于自己的“右派”身份，朱帜只能将贾湖村外的秘密深埋心底，直到他离开村子，未向任何人提及。文物工作者的直觉告诉他，那片荒地下隐藏着不寻常的秘密。

贾湖村在此后的16年里泄洪30余次，每一次泄洪贾湖村周围的地表形态都发生着变化。1975年大洪水后，贾湖村东边修起了一道更为坚固的防洪堤。

1978年冬的一天，贾湖小学教师贾建国带学生到防洪堤外平整土地。几铲子下去，有个同学说碰到了硬邦邦的东西。贾建国刮开土层，发现下面是一块长方形石头，石头一侧被打磨成刀刃的形状。酷爱考古的贾建国想到中原地区原始部落常用的生产工

>>陶片

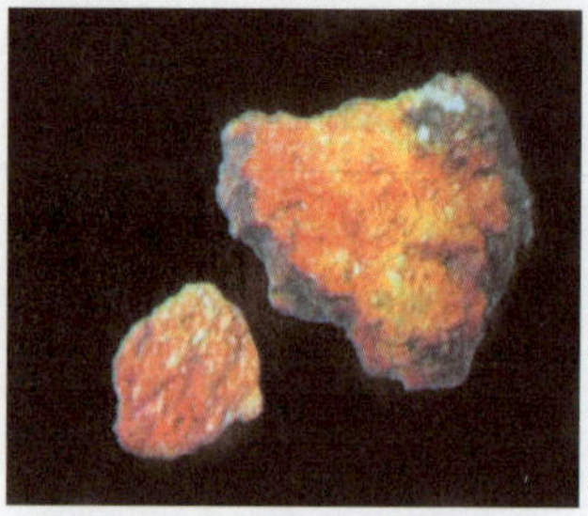

>>被烧烤而陶化的红烧土

>>陶壶

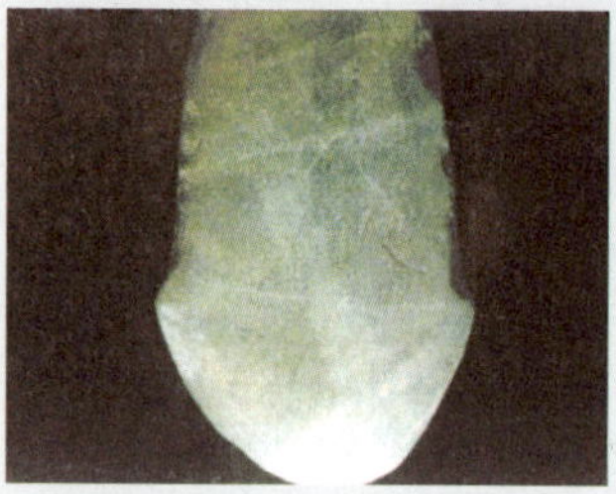

>>石铲

具——石铲，心头一震，立刻指导学生在周围挖掘。果然，一些石器残件和碎陶片陆续出现，其中竟然有一个较为完整的陶壶。这些东西是不是文物？贾建国想到了在舞阳县博物馆当馆长的老乡，这位馆长正是朱帜。

朱帜看到贾建国带来的东西激动不已，没想到自己魂牵梦萦的文物能重见天日。当时的舞阳县博物馆条件简陋，朱帜难以断定这些文物的年代，但贾建国手中的陶壶，能帮上大忙。

陶器是人类利用物理变化和化学反应制造出的第一种自然界不存在的新物质，它与古代先民的生活方式休戚相关，蕴含着丰富的社会信息。在没有文字记载的新石器时代考古研究中，陶器是判断古人类生活年代和社会发展情况的主要证据。

1965年，贾湖村正北约40千米的河南许昌市灵井镇，发现了距今1.5万年左右的旧石器时代遗址，出土了许多精美的打制石器和骨针，但没有发现陶器，考古学家判定灵井遗址属于旧石器时代后期的范畴。而贾湖村出土的石铲属于磨制石器，并伴有陶片出土，在考古学上，这是界定新旧石器时代的重要依据。因此，朱帜认为可以排除贾湖村地下遗物是旧石器时代遗存的可能性。

作为具有多年实践经验的文物工作者，朱帜非常清楚，贾湖村所在之处位于考古的敏感位置。

黄河中下游地区，同时存在着多个新石器时代文化遗址。

这里分布有二里头文化区域、龙山文化区域、仰韶文化区域。而贾湖村则处在这三者交汇地带。到1979年为止，贾湖村周围已发现大量这三个时期的文化遗址。贾湖村应该属于哪一个时期呢？

1959年偃师市二里头村发现二里头文化遗址，二里头文化距今3 800~3 500年。

这里被证实是中国历史上第一个王朝——夏朝的都

城。二里头文化时期是新石器时代的末尾，青铜时代的开始。二里头出土的陶器与贾湖发现的陶器，有很明显的区别：二里头陶器质地灰白，精美的纹饰布满器物；而贾湖陶器则呈现赭红色，纹路粗糙简陋。可以判断，贾湖遗存早于二里头文化。

1928年，山东省章丘市龙山镇发现龙山文化遗址，龙山文化距今4 350~3 950年。

龙山文化普遍分布于山东、河南等地，以精美的磨光黑陶为显著特征的文化遗存，堪称中国制陶史的顶峰时期。那时的陶器已经普遍采用接近于现代的快轮制作技术，所制黑陶器形奇特，陶胎轻薄均匀，被称为“蛋壳陶”。与贾湖的龙山黑陶相对，技术手段与审美情趣有着显著的进步。因此，贾湖文化遗存带应早于龙山文化。

1921年河南省三门峡市渑池县仰韶村发现仰韶文化遗址，仰韶文化距今7 000~5 000年。

仰韶文化表现出早于龙山文化的形态，出土的陶器主要呈红色，以细泥红陶和夹砂红褐陶为主。陶器上彩绘几何形图案或动物形花纹，是仰韶文化的最明显特征，所以仰韶文化也称彩陶文化。贾湖的陶器有灰黑斑块，这是陶器在烧制时，温度太低、氧化不充分形成的，而且贾湖的陶器没有彩绘、纹饰简单，说明贾湖的制陶技术尚未成熟。

>>罐形壶

>>盆形鼎

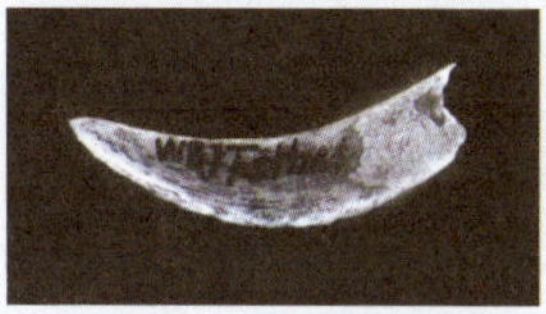

>>獐子牙

>>贾湖出土的部分遗物

但不难看出，仰韶早期陶器与贾湖陶器颜色非常相似，都是红色夹砂陶，胎厚1~3厘米，而且制作流程相同：先用泥条盘成器形，将器壁拍平再烧制而成。无论器形审美还是制作手法都表现出一脉相承的迹象，这引起了朱帜的注意。贾湖地下的文化遗存似乎比仰韶文化还要早。朱帜联想到一年前，那个令中国考古界为之震惊的大发现。

1977年，贾湖村正北70千米的新郑裴李岗村，发现了距今8 000~7 000年的早期新石器时代遗址。裴李岗文化早于仰韶文化，表现出仰韶文化前身的形态，它将中华文明的历史又往前推了1 000多年，对于中国考古有着非同寻常的意义，被称为“中国考古史的重大突破”。

1921年，瑞典地质和考古学家安特生，在河南渑池仰韶村发现了仰韶文化。遗址出土的彩陶并非处在制陶起源阶段，同时期的家业和建筑业发展也已经达到了新石器时代中期水准。那时已经发现的北京周口店遗址，属于距今1.5万年~1万年的旧石器时代中晚期遗存，当时的人类还不会制作陶器和种植粮食。

仰韶文明已经发展到一定高度的制陶技术和农业生产技术是从哪里来的？中国的史前文明在这里出现了断层。

当时安特生依据这个年代空缺，提出了“中国文化西来说”：中国文明来源于中东巴比伦地区甚至希腊克里特地区。很多西方学者因此附会，认定中国文明起源于西方，中国史前文明从旧石器时代直接跨越到新石器时代中期，是处在旧石器时代的中国先民通过某种途径学到了西方先进生产技术。

裴李岗遗址的发现，为中国史前制造业、农牧业、建筑业的起源提供了有力的实物证据，填补了仰韶文化之前，距今7 000年以前的重要文化断层，有力驳斥了西来之说，使国际学术界不得不对中国古代文化发展水平重新评估。

朱帜把贾建国带来的陶壶和石铲与裴李岗出土的文物进行比对，发现两者的制作手法和使用材质都有惊人的相似之处。贾湖村地下会不会是一处裴李岗文化性质的遗址呢？十几年来，朱帜一直想揭开贾湖村外遗迹的秘密，他感觉时机或许已经到来。

朱帜认为这些东西很像他在文物期刊上见到的一些新发现文物，有可能是裴李岗时期的东西。他向上级文物部门作了汇报。后来全国文物大普查期间，省文物研究所派文物专家周道、赵世纲到贾湖村考察，确认是裴李岗时期遗址。

根据专家意见，舞阳县政府把贾湖遗址定为县级重点文物保护单位，将贾湖村东面圈了起来，禁止随意挖掘。遗址受到初步保护，朱帜松了一口气。他总有一种感觉，这片杂草丛生的土地下，一定埋藏着更大的秘密。

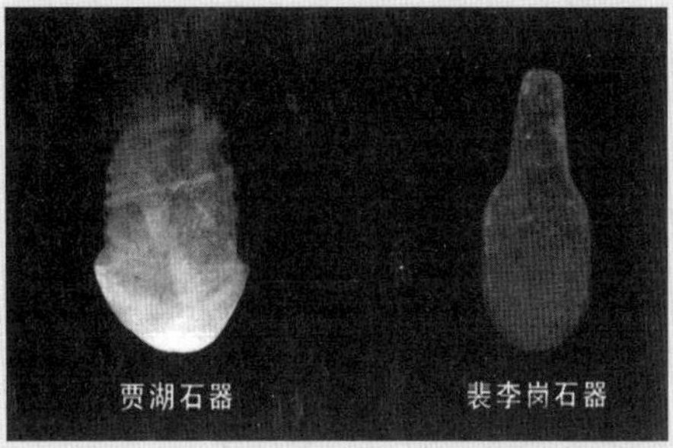

>>十分相似的石斧

1982年10月，在朱帜的热切期盼下，参与过裴李岗遗址发掘的中科院考古所专家来到贾湖。对现有的陶器、石器以及红烧土碎块分析测定后，确认贾湖遗址的时间大约在仰韶文化之前的新石器时代前期。

当专家准备对遗址试探性发掘时，问题出现了。贾湖村的地势西高东低，而遗址正好处在东面的滞洪区，20世纪60年代后才逐渐干涸，但地下水位一直保持在离地表2米左右的高位。在遗址3千米范围内有3条河流经过，每年秋季，地下水位就会持续上涨，距地面不到1.5米。专家判断，如果贸然试掘，透出的地下水将对文物构成毁灭性灾害。为了保护遗址安全，专家决定放弃试掘，第二年春天再做决定。

1983年初春，就在朱帜等待考古所专家再次到来时，发生了他意想不到的变故。由于人口扩张，贾湖村民强烈要求把遗址的荒地规划成宅基地，建造新房。牵挂了20多年的遗址将被毁掉，已临近退休的朱帜再次向上级文物部门请求试掘。当年5月，河南省文物研究所派人来到贾湖村，他们在遗址中部规划了3个共50平方米的探沟。在一个半月的试掘中，发现窖穴11座、墓葬17座、陶器和石器以及龟甲等数十件遗物。正当朱帜非常高兴的时候，专家们却终止了试掘。

原来，贾湖遗址试掘的同时，考古工作者在河南省长葛市石固发现了一处包含裴李岗文化、仰韶文化和龙山文化性质的文化遗址。石固遗址遗物丰富，在贾湖进行挖掘的专家根据手头已经出土的文物判定，贾湖遗址的文化内涵并未超过石固遗址，因而决定放弃。

考古队一走，村民们再次提出建房要求。遗址上方一旦开挖房基，地层就会被彻底破坏，造成文物无法挽回的损失。1984年朱帜再次申请试掘，他始终坚持自己的想法，贾湖村地下一定隐藏着震惊世人的秘密。

这一年夏天，省文物局应朱帜的申请又派人来到了贾湖村，他们在村民申请宅基地的区域内进行发掘，规划了4个探坑，面积扩展到100平方米。如果发掘后，经专家判定与一年前一样，政府将同意村民的请求，在遗址范围内建房。

1984年夏天，河南省文物考古所考古队和舞阳县文物馆朱帜，在贾湖村东面的4个探坑内试挖掘。没想到大量文物陆续出土，在房基的堆积物中，发现了鱼骨、獐子牙和果核。在灰坑中出土了罐形壶、方口盆、角把罐、敞口钵、深腹盆壶、斜肩壶、盆形鼎

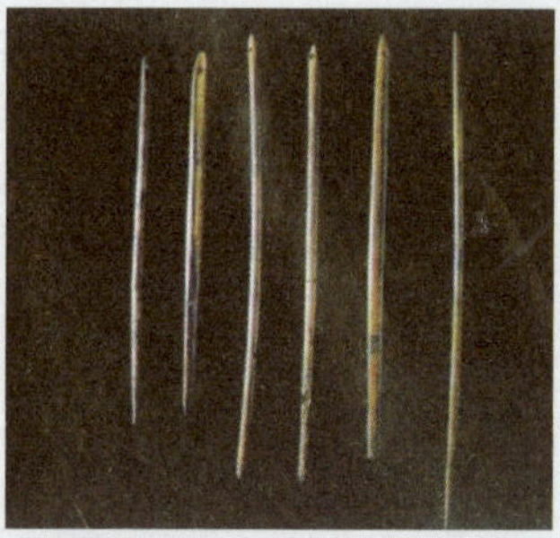

>>骨针十分精巧

>>骨头箭锋利依旧

等陶器。

大量的生产工具出土了：打鱼用的网坠、收割用的石镰、捕猎宰杀用的骨匕首等，器物的丰富令人惊叹。

在4个探坑中，共清理出14座墓葬，这些墓葬不是有序排列的，而是上下叠压，相互交错。其中有大量的无头葬、缺肢葬、二次葬，还有一次葬与二次葬的合葬。墓葬多达6层，表明该区域属于部落的集中墓葬区，数代人反复使用。

大量珍贵文物的出土以及贾湖遗址地层关系的复杂性，引起了上级文物部门的重视。为对遗址进行抢救性挖掘，经国家文物局批准，河南省文物研究所重新组建贾湖遗址考古队，由时任第一研究室副主任的张居中带队，于1984年10月前往贾湖村。

张居中带了简单的行囊，在贾湖村临时安营扎寨，没想到这一扎，就是20年。

经过两年多挖掘，张居中发现贾湖遗址的面貌与裴李岗遗址有显著差别。与裴李岗遗址的随葬品相比，贾湖墓葬的陶器较少，大多数墓主人只拥有一个陶壶。而贾湖墓葬中大量成套的骨器却是裴李岗遗址无法比的，贾湖骨箭头的精美程度堪比商代青铜箭头。

贾湖遗址究竟是不是裴李岗文化遗存？为什么两者之间有如此明显的差别呢？张居中产生了疑问。

这一天中午，舞阳县考古队员贾分良正在清理10号探方，刚刚清理完覆盖在M78号墓上方的M55号墓。这是一座杂乱的墓葬，墓中除去一架完整的人骨外，还有一具只剩下半边的人骨掺杂其间，周围散落着各种陶器制品。

因是两座相互交错的残墓，在挖掘M55号墓穴的时候，M78号墓穴连同墓主人的右半身被破坏了，只剩左半身残留墓中。把周边散乱的随葬物编号完毕后开始清理那具残缺的骨架。

张居中惊奇地发现，这具骨架的左股骨内外两侧，各有一件管状器物，长20厘米左右，上面排列着7个整齐的小圆孔。位于内侧的一件已经断成3截，外侧的器物相对完好，他用竹签小心地刮去周围的泥土，将它取出来。这件器物看上去像是用动物的骨管做成的，通体呈土黄色，晶莹亮洁，有玉石一样的光泽。

朱载堉： 朱载堉（1536~1611），字伯勤，号句曲山人，明代著名的律学家（有“律圣”之称）、历学家、数学家、艺术家、科学家。创建十二平均律。

贾湖遗址发掘两年来，还是头一次见到这种器物。张居中仔细回想裴李岗文化以及黄河流域其他时期文化遗址的出土文物，都未曾见过类似形态的东西。这个管状物究竟是什么东西呢？他把这两件管状器物编上号，与其他出土文物放在一起。谁也没想到，正是这个发现，日后使全世界对中国史前文明发达程度的评估，提升到前所未有的高度。而随着这件神秘骨管的出土，贾湖地下隐藏的巨大秘密也逐步揭开。

贰

神秘的骨管

考古队众人认为，从外形上看，骨管非常像民族乐器——笛子。这两支骨管没有笛膜孔和吹孔，与现代的笛子不同。这可能是乐器吗？能吹出声音吗？此时有人告诉张居中一个消息：郑州市正在举办十二平均律的发明者，明代大音乐家朱载堉诞辰450周年学术研讨会，全国很多音乐史学家到会。如果这支骨管真是乐器，研讨会上或许有人能够从专业的角度识别。

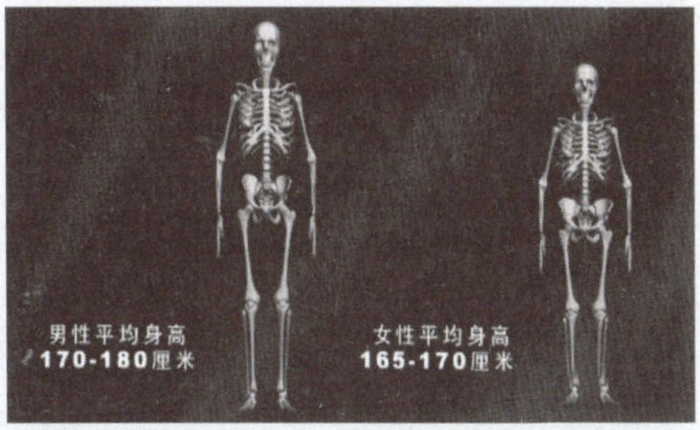

>>贾湖人都是高个子

可是，当专家看了张居中带去的骨管说，这个骨管细，音孔小，吹出来的音估计不成音列，顶多就是打猎用的哨子，不一定是乐器。张居中被浇了一盆凉水。

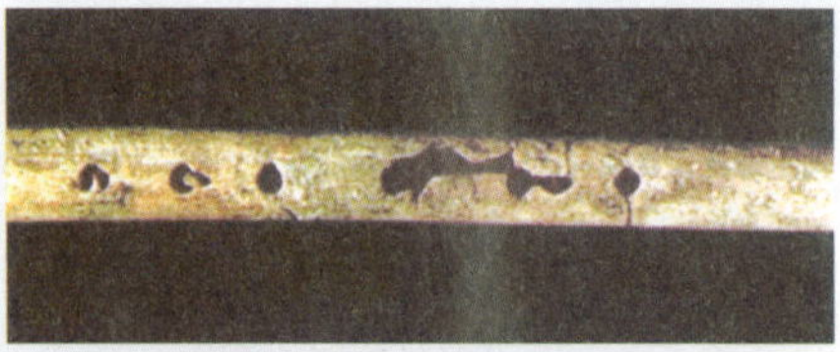

>>精心制作的骨管

1973年，考古学家在距宁波市20千米的河姆渡镇，发现了长江流域新石器时代早期文化遗址。出土了160多件骨哨。骨哨长6~8厘米，前后各有一个小孔，用手指堵住两端对着小孔吹气，就会发出悦耳的声音。河姆渡猎人使用骨哨模拟鹿叫，以引诱猎杀。但是，贾湖遗址出土的这支骨管也是骨哨吗？贾湖遗址出土的各类生

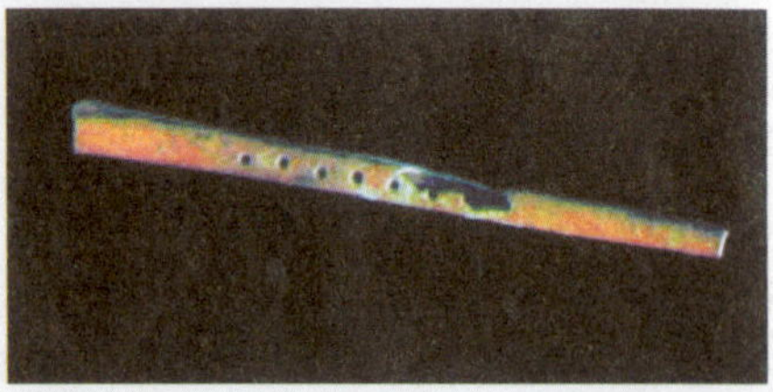

>>八孔骨管

产工具当中，用于狩猎的占49.5%，并在遗址灰坑中，陆续发现了麋鹿、豹猫、野兔等各种动物骨骼。说明贾湖人擅长狩猎，可能使用骨哨。但如果骨管是哨子，为什么又吹不响呢？这让张居中感到很疑惑。

张居中并不知道，这次学术研讨会的秘书长萧兴华先生，正是日后揭开骨管之谜的关键人物。张居中若有所失地离开会议，二人再次见面是一年之后了。

在两年的发掘过程中，许多问题困惑着张居中，贾湖人本身就是个谜。

对已发掘的人骨鉴定结果，表明贾湖遗址是一个巨人部落，成年男性的身高在170~180厘米，成年女性高165~170厘米。多位男性墓主人，身高达到了190厘米以上，身材匀称健壮。比贾湖稍晚一些的西安半坡仰韶遗址的半坡人男性平均身高为168~169厘米。对比同时期黄河流域中原人，贾湖人可谓鹤立鸡群。

人类学专家选取了贾湖人颅骨宽度、鼻翼宽度、上齿槽弓特征和牙齿大小4个基本指标进行测量，表明贾湖人的每一项指标都吻合黄河和长江流域新石器时代人类特征。从相貌上看，贾湖人与同时期长江以南地区和长城以北地区的人种有明显区别，更接近中原人。

1986年秋天，遗址西北面的T101号探坑中，考古队员又发现了层层叠叠的墓葬群。张居中在探方正中间的M233号墓墓主人修长的大腿股骨右侧，再次发现了两件管状物。

下边一支已经破碎，依稀可看出管身原有7个小孔，两头都保留着部分骨关节；上面那支呈浅棕色，长约22厘米，保存完整，与M78号墓出土的两件骨管同属一种器物。不同的是，用于钻孔的一侧被人磨平了，七个小孔处于同一平面的同一直线上，间隔距离十分准确。

考古发掘中，器物只出现一次或许是偶然，再次出现则表明某种意义，张居中深谙其中的道理。河姆渡遗址出土的骨哨仅限于在狩猎时模拟动物叫声，加工手法粗糙。而贾湖这些骨管十分精美，不像只用作吸引野兽的工具。

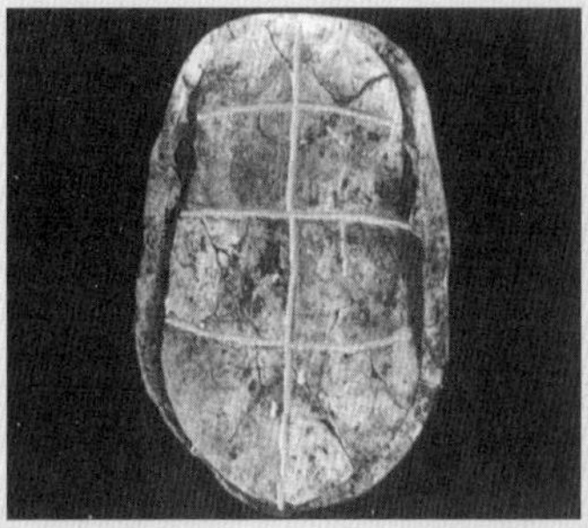

>>龟甲上的刻痕是某种符号

M233号墓主人头部两侧都有随葬品，左边的一组龟甲引起张居中注意。六只龟甲内装满了大小不一的圆形石子，呈黑白两种颜色，龟甲的边缘有磨锉的痕迹，表面十分光滑，显示经过长期使用，可能是墓主人生前常用的物品

在龟甲的腹部，有三个利器划刻的标记。在众多的陪葬品中，龟甲是首要的突破口

宋代司马光的《资治通鉴》记载“周武王不豫，周

公卜三龟。”讲述的是周公用龟甲为周武王占卜疾病是否可以痊愈的故事。贾湖遗址出土的龟甲会不会也是占卜的用具呢?

《大戴礼记》中记载:“介虫三百六十,龟为首。”古代先民认为,在所有的动物中,龟最善解人意,又最长寿,是有灵性的动物。《河图洛书》中说,大禹治水得益于神龟献图方能成功。从研究人类认识领域发展的发生学角度来说,这种崇拜源于食龟的风俗。贾湖遗址周围大片湖沼,是龟科动物理想栖息地。从遗址的灰坑中发现大量龟甲碎片和墓葬中丰富的渔猎工具可知,贾湖先民有捕食龟的习俗。

明代医学家李时珍,在《本草纲目》第45卷中提到,龟的肉、血和皮都能入药,能祛风热、利肠胃、治疗外伤,还能解毒。长期食用可以强身健体。贾湖先民对长寿和健康的追求可能是龟灵崇拜的基础。与此同时,自然现象对原始农牧业生产影响很大,古人将这种不可抗力视为神灵的操纵,巫师使用各种器具来引导祭祀仪式或占卜未来,而龟自然被视为最好的媒介。

看来拥有6只龟甲的M233号墓主人,可能是一位专司占卜的部落巫师,龟甲是他占卜的用具。带孔的骨管,是否也是一种祭祀通神的法器呢?

古代先民对于法器的选择,是非常慎重的。如果骨管真是祭祀的用具,它是用什么材料制成的呢?一份来自古脊椎动物研究所的报告交到了张居中手里,经鸟类专家侯连海先生鉴定,确认这些骨管是丹顶鹤的翅骨所制。

张居中想起,在遗址西北区刚开始发掘的时候,曾经挖出过一个汉代墓葬,表现墓主人登天情景的墓门上刻有神龟昂首、仙鹤翱翔的雕饰。看来在这一地区,对于龟和鹤的崇拜由来已久。张居中越发觉得骨管与原始的神秘崇拜有着某种联系。

但这些证据并不能解释骨管的身份,它如何使用,那些小孔有什么含义,这些问题仍是一团迷雾。

进入深秋,贾湖村的地下水位正在上升,为了赶在水位上涨到工作面之前,结束现有灰坑墓葬的挖掘和清理,他们加快了进度。这时,M253号墓传来了好消息,张居中赶到时,立刻看到墓主人身边的两支骨管,不同的是,其中一支骨管竟然有8个孔。

骨管长约22.7厘米,通体光滑圆润,颜色鲜艳。在骨管的头部和第一孔之间,有一个意义不明的刻符。将骨管清理干净后,在每个小孔的一侧,都能看见一道深浅不一的刻痕,像是标注打孔的位置。小孔之间的距离都不相同,这让张居中异常困惑,按说处在原始社会的贾湖人,尚未掌握度量衡的知识,不可能测量定位,这些刻痕是随意为之还是另有目的?

张居中还没来得及细想,猛涨的地下水就打断了考古队的工作。辛苦了一年之后,

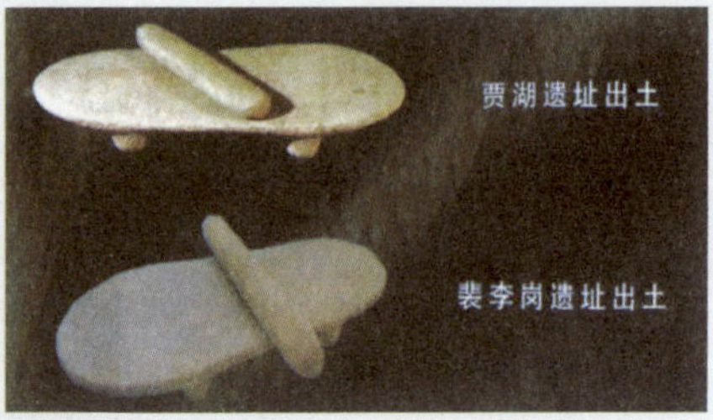

>>一脉相承的谷物加工工具

队员们各自收拾行装回家，张居中却一点也不轻松。神秘的骨管和那些疑问困扰着他，他盼着来年春天回到贾湖遗址，去寻找问题的答案。

第二年，在T102号探坑M344号墓中，张居中再次见到一组龟甲和两支骨管。在清理墓主人肩旁的两支骨管时，张居中在这两支深棕色的七孔骨管的小孔周围，看到了与M253号墓骨管一样清晰的刻痕。仔细看又各有不同：左侧骨管上方的小孔一侧有3条刻痕，之间分别相距约1毫米，像是有过2次精密的修正。

M344号墓的这位墓主人的头部在下葬时已经不知去向，肩部以上是用龟甲堆砌的象征性头颅。这几片龟甲上也有刻符，与之前的不同，它形象非常鲜明，就像一只眼睛。

同样刻在龟甲或器物上，这种刻符会不会与殷商时期的甲骨文有着某种联系呢？

张居中（中国科技大学教授）：这是一种原始文字，或是具有文字性质的符号。它既不是成熟的文字，也不是简单的符号。是不是承载着语言？当时是不是已经有了语言？现在谁也说不清楚，这是考古学的局限性。

在M344号墓中，出土了30多件随葬品，包括生产生活用的骨器、陶器、石器等，显示这位壮年男性墓主人的特殊身份。

M344号墓中罕见的无头主人，很可能是贾湖部落的首领。他拥有部族生活丰富的生产知识，身兼数职，带领族民们打猎、耕种，担负着族民的医疗和教育。重要日子时他主持祭祀，为部族的命运卜卦问天，祈求神灵。这期间的某个环节，这位首领一定使用这种骨管。

1986年底在贾湖遗址的下层墓葬中出土了带足石磨盘和石磨棒。带足石磨盘是裴里岗文化的代表器物，古代先民将谷物放在磨盘上用石磨棒碾压。贾湖遗址与裴里岗遗址的先民们，是否有着某种相互学习或者交流的关系呢？相比之下，贾湖的农用工具数量较少，而渔猎工具数量则超过裴里岗遗址，符合新石器时代早期以渔猎为主的经济向农耕经济发展的趋势。张居中感到，贾湖遗址文化形态可能比裴里岗文化还早，甚至是它的前身。裴里岗先民的农业生产规模和生产力已经发展到比较高的水平，普遍开始种植小米，而贾湖先民种植的又是哪一

>>贾湖人居室遗存

种作物呢?

1987年，贾湖遗址的发掘扩大到了东、中、西、西北四大区域。从遗址分布状况来看，贾湖人已经有了比较明确的生死界限，墓穴很少与住房重叠在一起了。

出土的房基显示，贾湖部落的房屋大部分是独立的，有些房屋内有做饭用的灶台，可容纳4~5人居住，这可能是供父母和子女组成的小家庭使用。一些房基底部伴有大量的红烧土，可能是贾湖先民的防潮手段。令人感到意外的是，在这些不起眼的红烧土块中，又有了重大发现。

一次对出土物品整理时，考古队员在残碎的红烧土块上发现了凹凸的痕迹，痕迹近似水稻颗粒大小。对发掘出土的动植物遗骸和土壤微形态分析可知，贾湖地区当时的气候环境与现在的长江中下游地区相似，气候温暖而湿润，非常适合水稻的生长。考古队随即把痕迹送到中国科学院植物研究所鉴定，确认了这是人工栽培的古代水稻，并从中浮选出了碳化的水稻颗粒。这些古代水稻颗粒有的接近现代北方人食用的粳米，有的类似南方人食用的籼米。这是黄河流域发现的最早稻作农业证据。

1987年初夏，又发现了陶纺锤和绿松石。显然，贾湖人已满足了温饱的基本需要，有着更高追求了。贾湖地区并不是绿松石产地，但墓主人佩戴的绿松石项链、绿松石腰佩时有出现，很可能是贾湖人从别的部落交易来的。在一只陶罐内，张居中还发现了一层不明结晶物。20年后，美国宾夕法尼亚大学实验室对这种结晶物质进行了化学分析，发现是由水果和谷物酿造的酒蒸发后的残留物。

3年发掘中，有很多颠覆常识的发现，让贾湖遗址赢得了世界关注。在北京大学考古系、中国地震局地壳应力研究所和国家文物局3个实验室共同努力下，遗址的碳

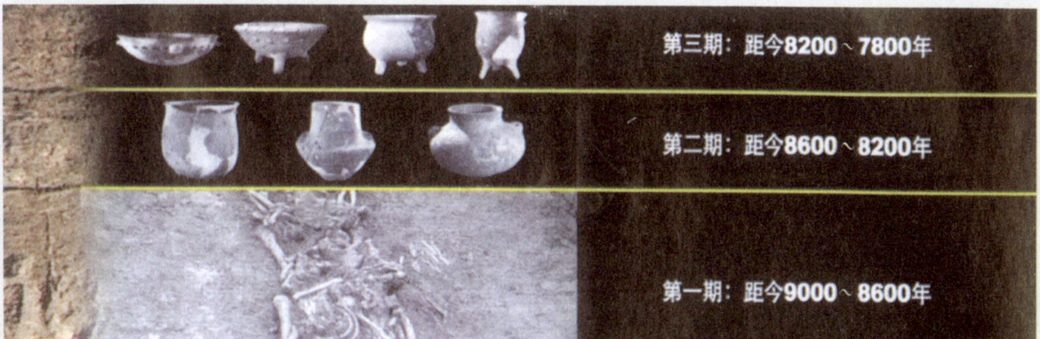

>>贾湖地址的纪年史

14测年结果公布于世：贾湖遗址属于新石器时代早期，早于裴李岗遗址，它的年代跨度为距今9 000~7 800年。

贾湖遗址无论从年代还是文化形态，远非裴李岗文化所能涵盖，因此考古学界定名贾湖文化。张居中养成一个习惯，一有时间就拿着那支M78号墓出土的骨管，坐在湖边小土丘上眺望整个贾湖遗址。9 000年前贾湖先民的生活仿佛活化在他眼前，随着每一件文物的出土，这些画面慢慢丰富鲜活起来：

距今9 000年前，在淮河中上游地区的广袤平原上，有一片美丽的沼泽，那里生活着一个富足的部落。部落附近的岗丘和山坡上，有着稀疏的栎、胡桃、榛等植物组成的阔叶林。在大片房屋之外有广阔的农田，贾湖人在田间耕作，微风拂过，稻香四溢。农田附近的湖沼旁边，贾湖人在捕捉龟和鱼，时有丹顶鹤、天鹅蹁跹起舞。一天的劳作后他们各自回家支起三足钵烧水煮饭，吃饭时还饮些自家酿造的米酒。傍晚在部落中心的空地上，人们穿戴整齐，点起篝火，在酋长的带领下膜拜神灵，听取预言。

温馨和谐的画面使张居中沉浸其中，但在内心深处，他仍然感到有所缺憾。张居中始终惦记着那些骨管。

带孔的骨管究竟是什么，是张居中日思夜想的问题。就在距发现第一支带孔骨管1年后的几乎同一天，张居中向着谜底又迈进了一步。

1987年5月，在T101号探坑的西南部，出现了一个与众不同的墓穴——M282号墓。不可思议的是，墓穴中的随葬品，几乎囊括了石制、骨制、牙质类工具。墓主人头部右侧还放有一组龟甲，总计61件。在三年半的挖掘过程中，这无疑是最豪华的墓葬。在这座墓葬中又出土了两支带孔骨管。

M282:21号骨管断成三截，在第二孔断裂处，有三组缀合孔，第四孔断裂处有四组缀合孔。可能是墓主人生前将它摔断了又舍不得丢弃，缀合后继续使用。缀合孔直径1毫米左右。在没有先进工具的年代，贾湖人是如何精确地钻孔的呢?

M282:20号骨管是一件近乎完美的艺术品，它通体呈浅棕色，光滑油亮，是所有出土的骨管中保存最好的一支。在地下埋藏了几千年竟然历久弥新，似乎仍带着主人的体温。

1年来，张居中已经见证了10余支带孔骨管的出土，每一次骨管出现，都会带来新的难题。他有种感觉，一定有一个能把这些带孔骨管联系起来的关键证据，只是还没有找到，但随着这些带孔骨管的不断出现，他正在接近答案。让张居中没有料到的是，这支20号骨管，成为日后打开谜底大门的一把钥匙。

贾湖遗址发掘进度比较缓慢，原因是复杂的地层关系。贾湖人在这片地区居住了近千年，地层记载着中原地区原始人类从旧石器时代发展到新石器时代的历史。根据碳14测年数据和出土陶器的制作水准综合分析，贾湖遗址可以大致分为3个阶段。越靠近地表的地层，器物越丰富、形制也越精美。相反越往深挖，墓葬残破越严重，随葬品也越简单。

第一期，距今9 000~8 600年；第二期，距今8 600~8 200年；第三期，距今8 200~7 800年。

遗址东南侧T114号探坑，正处于第一期发掘阶段。探坑西南侧的M341号墓的墓主人的头骨碎裂，胯骨移位、右侧肋骨丢失，大部分随葬品都破碎得难以辨认，但他所携带的重要信息却奇迹般地完整保留。墓主人右脚背上侧是一组龟甲，手臂的肱骨和尺骨内侧有两支带孔骨管。这两支骨管看上去很短，张居中觉得有些不对劲，凑近一看才发现，一支有6个小孔，而另一支只有5个孔。5、6、7、8这个数字排列，让张居中突然灵光一闪。

显然随着年代的推进，骨管的孔数呈递增趋势。张居中猛然想到，这些带孔骨管从5孔到7孔的递进，与中国古代音律从五音到七音的发展过程不谋而合。

第一期M341 5孔、6孔；第二期M78、M282 7孔；第三期M253 8孔。

早在远古时期，先民就有了“以乐通神”的观念，《易·豫卦》的象辞中说“先王以乐作崇德，殷荐之上帝，以配祖考。”《史记·孝武帝本纪》记载：“古者祀天地皆有乐，而神祇可得而礼。”描述远古时期，人们用音乐和神灵沟通的情景，这说明音乐的起源和宗教关系非常密切，音乐、舞蹈、诗歌等各种艺术形式的产生都源于宗教仪式的需求。伴随这些骨管的还有龟甲，更说明这些骨管和原始宗教有关。它们会不会是贾湖人用来通神的乐器呢?

张居中自己也很难相信，贾湖遗址毕竟存在于传说中伏羲创八卦和女娲补天的蛮荒时代，莫非那时，贾湖先民已经通晓乐理、精于演奏了吗?

贾湖遗址所处的地区靠近传说中夏代的夏台，周代雅乐《大夏》就产生于此。而这个地区在春秋时期，则是孕育民间歌谣“郑卫之声”的郑国所在地，古代贾湖地区音乐比较发达，并非偶然。从社会发展的角度来说，音乐这种隶属于上层建筑范畴的人类活动，必然要建立在一定的经济基础之上。贾湖的先民享有了同时期部族中最优越的生活环境，如此发达的原始文明，孕育出音乐不是不可能。

但是，稍晚于贾湖骨管出现的河姆渡骨哨只能吹出单音或者两个音，晚于贾湖文化2 000年左右的西安半坡出土的陶哨只有一个孔，仅能发出“吱”的声音，这种陶哨又经过1 000多年的发展，才演变成能吹出三个音的古埙。然而，贾湖骨管却有5~8个孔，它有可能发出五个音甚至八个音吗？有专家认为，中国古代有关七音的记载最早

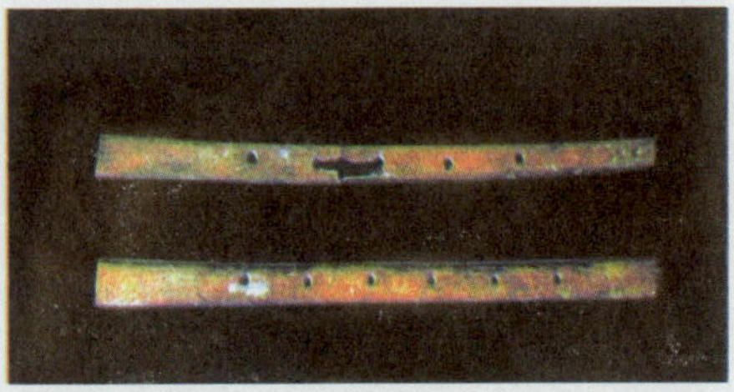

>>五孔和六孔的变化意义重大

出现于周武王伐纣的时候，也就是公元前1 066年，此时，贾湖文化已经消失了近6 000年。

陆续出土的带孔骨管，使张居中逐渐感到骨管隐含的秘密，这些骨管每个细微特征都印证着张居中的推测：带孔骨管极有可能是一种乐器。如果这些9 000年前的带孔骨管真是乐器，并且能吹出音列，那么，它将成为世界上迄今为止发现的最古老的乐器，它在考古学和音乐史学上的价值将无法估量。然而摆在张居中面前最根本的问题就是，怎样才能让这些带孔骨管发出声音呢？

1987年秋天，适逢河南省文物考古研究所裴明相和陈嘉祥两位先生到贾湖检查工作，裴明相先生看见M282：20号骨管时非常高兴，他拿起骨管按吹箫的方式吹了起来，可惜没能吹出声音。

假如骨管真是乐器，它们在远古时代的主人必然经过学习和演练才能吹奏它，或许直到今天，也只有深谙乐理的音乐家们，才能引起远古的共鸣。紧握着晶莹剔透的骨管，张居中清晰地感觉到先祖遗物依然充满了生命力，好像一直酣睡着，正等着谁来将它们唤醒。张居中打算向领导请示之后，去北京寻找音乐方面的专家求教。

1987年秋，张居中和河南省文物考古所郝本性所长、裴明相先生，郑州大学考古系的郑予秦等4人，带着骨管来到北京。经过多方寻找，联系了许多音乐方面的专家进行鉴定，都没得到确切的结果。焦急之下张居中想到了一个人，中国艺术研究院音乐研究所的萧兴华先生。他是1983年大学刚毕业时，在一次艺术博览会上认识萧先生的。

张居中：萧兴华先生拿到骨管一看，非常兴奋。他认为这就是乐器，没问题，就是乐器。他试了试没吹出音来，说咱们找演奏人员试试，当时就和中央民族乐团团长刘文金先生联系，他正好带着笛子部的演奏员在排练。等他们中间休息的时候，刘文金团长就拿着骨管让演员们试着吹。

张居中的心渐渐凉了下来，专业的民族管乐演奏家都无法吹响，难道它根本就不是乐器吗？当在场的人都表现出失望的时候，宁保生先生接过了骨管，他把骨管竖起，放在嘴边找了一个适合的角度，一运气息，骨管竟然发出了声音。

等待了两年，终于吹响了骨管。萧兴华心里明白，贾湖骨管虽能够发出声音，还不足以证明它就是乐器。如果声音不能形成音阶，顶多只能称作骨哨。对于这个问题，在场的音乐人都心照不宣，他们的目光都投向宁保生。

宁保生略微调整了嘴形，换了一口气，又尝试着吹了几个小孔，像是找到了门路，随后他逐个放开按压在小孔上的手指，一个近乎完美的七声音阶吹奏出来。在场的人都呆住了，短暂寂静后，爆发出激动的欢呼，这是我们现代人第一次听到来自9 000年前的乐音，而且竟然是一个完美的七声音阶。

音阶，是构成音乐的基本要素之一，没有音阶也就没有音乐。中国古代的五声音阶：宫、商、角、徵、羽，分别代表了五个特定的音高，也就是现在的12356，这种叫法最早出现在商代。中国古代认为五声与金、木、水、火、土的五行，东、南、西、北、中的五方，春、夏、秋、冬的四时密切相关。在《汉书·律历志》中就把宫、商、角、徵、羽与五行、五方、四时联系起来。五声音阶是中国古人在生产、生活中产生出来的，反映了中国人的审美情趣。

1234567七声音阶，是从五声音阶发展而来的，中国古人惯于以五声为主、七音为辅。自古以来，在中国民间音乐里都可以发现五声音阶的广泛使用，直到今天它仍有着不可动摇的地位。但是，五声音阶又起源于何时呢？

萧兴华（中国艺术研究院音乐研究所副研究员）：几千年前曾经出现过这类音阶状态，但是怎么出现的，音乐理论家们都含含糊糊，没有讲清楚。唯有贾湖骨笛，尤其是M341:2号骨笛出现之后，确实证明了9 000年前就有了这种音阶状态。它使我们大吃一惊，兴奋得不得了。

贾湖骨管可能代表了从五音到七音的发展过程。那么贾湖骨管有没有可能是中国五声音阶的起源呢？按常理说，贾湖带孔骨管年代实在太早了，难道在9 000年前，我们的祖先就已经了解并开始使用五声或七声音阶了吗？

现在人们想要准确地在笛子上打出音孔，需要经过十二平均律的周密计算。十二平均律是明代音乐家朱载堉在中国古代十二律的基础上发明的科学律制，直到现在全世界的人们仍在使用这种音律标准。十二平均律几乎运用于世界所有与音乐有关的工作，从制作乐器到调音、测音；从作曲、编曲到演奏、演唱，都建立在以十二平均律为基础的音乐理论之上。

萧兴华：在1到1（高音）之间划成1 200等分，然后把它划成12份，每份就是100个音分，这100个音分就是半音。钢琴的两个白键中间有一个黑键，白键到白键是200音分。白键到黑键，黑键再到白键，各是100音分。这样一个音分关系，就是十二平均律。为了计算这个，朱载堉用了一辈

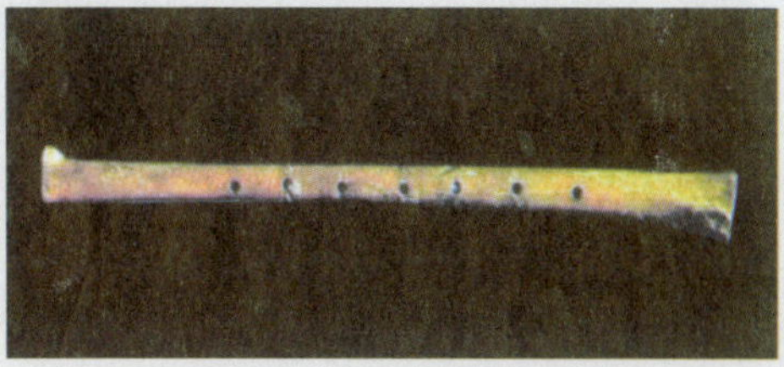
>>被一修再修的骨管

子的时间。

令萧兴华困惑的是，在已知的任何一部数学史中都没有涉及中国9 000年前的数学问题。权威著作《中国古代数学构萌芽》一书中也只是说道：仰韶文化时期出土的陶器，上面已有表示1234的符号。但是仰韶文化比贾湖文化晚了2 000多年，这条线索并不能用以推测贾湖人的数学水平。

深知乐理的萧兴华明白，制作吹管乐器需要非常复杂的数学计算，同时需要综合乐器的材质、尺寸等诸多不确定因素加以考虑。贾湖骨管使用的是仙鹤的尺骨，每一根尺骨的大小、粗细都不一样，同时尺骨是两头粗、中间细的构造，这些因素都会影响音孔钻孔位置的计算。能在这样的异型管材上找到发出准确音阶的位置，对现代的笛子制作大师来说，也是一个很困难的事情。那么贾湖先民在制作乐器的过程中，是在试探打孔时偶然获得了七声音阶，还是事先设计和计算好了呢?

M282:20号骨管吹奏的音阶，让普通人听也能分辨出12356这五个音。但是，如果用十二平均律来衡量，它们的音高和音准是否能够达到乐器的标准呢？萧兴华认为，有必要对骨管测音，对贾湖带孔骨管的身份与地位作最后的确认。

1987年11月3日，萧兴华偕同中国音乐研究所所长黄翔鹏先生、武汉音乐学院院长童忠良教授、工程师顾伯宝先生等，来到郑州与张居中汇合。他们要对M282:20号骨管进行测音。

为了确保测音过程的准确、公正，专家们作出决定：让不是管乐器专业的萧兴华来吹奏骨管。

萧兴华：我不是学吹管乐的，但是发音原理、音孔我都清楚。所以，用不会吹的人来吹出曲调，才是可信的，完全是乐器本身的音高。

对乐器进行测音是一个科学而严谨的过程，丝毫偏差都会在现代测音频谱仪上反映出来。工程师顾伯宝打开仪器，萧兴华慎重地吹出了筒音，然后从下到上逐个放开压在小孔上的手指：M282:20号骨笛发出了清亮的声音。

测音频谱仪上显示的结果令在场的专家瞠目结舌。

M282:20第一孔1与第二孔2为一个全音，间隔200音分；第二孔2与第三孔3为一个全音，间隔200音分；第三孔3与第四孔5为一个全音加一个半音，间隔300音分。即使今天全世界技艺最精湛的乐器工匠，在没有仪器设备的条件下，也很难达到这样精准的水平。

是巧合还是奇迹呢?

萧兴华发现，贾湖遗址出土的骨管上，大部分有两种刻痕，一种是用利器刻画在小孔一侧；另一种则是用钻头在管身上钻的圆形痕迹，有打穿的，也有没打穿的。

在M282:20号骨管的第七孔上4.4毫米的地方有一个直径不足1毫米的小孔，萧兴华堵住它再次吹奏的时候，仪器显示第七孔的这个音变得高了一些。除了这个具有调音作用的小孔之外，管身上还有未打穿的小洞，分别位于第二孔与第三孔上方1毫米左右，可能是打孔时，在预先计算的开孔点上做了适当的调整，使这两孔比原本计算开孔的位置都向下移动了1毫米。M282:20号骨管调整后的音孔吹出的音之间的高低关系，准确吻合了十二平均律，萧兴华认为这不是巧合。

在对M341:2号六孔骨管测音时发现，筒音与第二孔之间间隔为准确的1 200音分，第六孔与第一孔之间相差1 205音分。第一个八度完全吻合十二平均律，而第二个仅相差5音分。5音分的误差在音乐领域是一个什么样的概念呢？

弦乐演奏家有着最敏感的耳朵，经过后天长期训练、演奏，世界上最好的小提琴家也只能够分辨7音分的差别，低于7音分的误差只能通过现代科学仪器来检测，不在人类的听觉可以分辨的范围之内。

萧兴华：频谱测音器相当准确，一音分都骗不过它。骨管最大差是五个音分，这不是任何律制能够约束得到它的。所以，我只能说这个现象是极其神奇的。带孔骨管到底是怎么制造出来的呢？对我们来说，至今还是一个谜。

在随后的测音过程中，萧兴华发现，贾湖部落不仅具有高度的音乐素养，并且完成了一个几乎不可能的飞跃：

M341:1号五孔骨管：能吹出12356五声音阶。

M341:2号六孔骨管：能吹出12356五声音阶。

M282:20号七孔骨管：能吹出123567六声音阶。

M253:4号八孔骨管：能够完整吹出1234567七声音阶。

萧兴华：贾湖骨管流传了1 200年，按400年为一个时期，早期、中期和晚期，它都在不断地发展着，而且每个发展阶段都是在大踏步地前进着。由四声音阶到五声音阶、六声音阶、七声音阶、带变化音的七声音阶。中国的音乐发展是从粗犷型逐渐向细腻型发展的。就是说，人们的音乐思维要表述和传达的很多感情越来越细腻了。你想想1 200年啊，中国远古音乐发展的速度这么快，我们的老祖宗，这些音乐智人是多聪明啊！

9 000年前，仍旧处在人类社会幼年阶段的贾湖人，在那个打磨、钻孔技术刚刚兴起，文字与数学处于萌芽状态的年代，是如何完成这样的飞跃的呢？随着研究的深入，萧兴华发现，虽然贾湖骨笛只是一种乐器，但是它蕴含的社会信息远比人们想象的要丰富得多。

骨管的音孔普遍在3毫米左右，在M282：20号骨管上发现的调音孔甚至仅有1毫米。钻孔要使用钻头，而钻1毫米的孔所使用的钻头直径应该小于1毫米，贾湖人不具备磨制如此微小钻头的工艺。萧兴华认为，他们使用的应该是硬度在7级以上的天然宝石。张居中、萧兴华以贾湖遗址为圆心，50千米为半径划了一个圆，他们在这个范围内寻找可能用来作为钻头的材料，竟然在一处隐秘的山洞里找到了天然水晶矿脉。

萧兴华：原来是用水晶做钻头打的孔，然后用0.28毫米的水晶簇来复钻。最后打成都是3毫米的孔，多聪明啊！

贾湖骨管告诉我们，距今9 000年前，中国人的祖先已经通过某种方法，明白了现代十二平均律的原理，并将其运用于乐器的制作。而他们制作出来的带孔骨管，彻底颠覆了中国乃至世界对于音乐起源的看法，证明了我们的祖先早在新石器时代早期，就已经创造了高度发达的音乐文明，这是世界上任何其他古代文明所不曾企及的。

在参与贾湖骨管挖掘和研究工作的考古学家及音乐学家的共同商讨下，贾湖遗址所出土的这种带孔骨管将以“贾湖骨笛”的名称载入史册。而对于萧兴华来说，将骨管作为乐器来研究的工作，才刚刚开始，更多的未解之谜等待着他去揭开。

萧兴华在《舞阳贾湖》中写道：根据我们所掌握的材料得知，贾湖骨笛是世界上年代最早、保存最完整、出土个数最多、还能演奏的乐器实物。

1987年11月3日，萧兴华使用骨笛吹出了河北民歌《小白菜》。9 000年前，贾湖人用骨笛吹奏过什么音乐我们无从知晓。虽然乐曲有所不同，但这是9 000年后的我们，第一次听到来自远古祖先的声音。

>>先民的音乐并非自娱自乐

丝的前世今生

山西省夏县西阴村，是黄河流域著名的仰韶文化遗址之一。大约5 000年前，这里曾经存在过一个远古中国人的聚居地。

壹

半颗蚕茧之谜：丝绸缘起何处

1926年，中国第一代田野考古学家、美国哈佛大学人类学博士李济先生对这里进行了考古发掘，他从一堆残陶片和泥土中发现了一颗花生壳似的黑褐色物体。当这个物体露出它的本来面目，考古界轰动了。原来，这是被利器切割过的半颗蚕茧。

远古中国人为什么要切开这颗蚕茧？是为了食用其中的蚕蛹吗？中国丝绸博物馆馆长赵丰认为，当时的蚕蛹非常小，应该不具有食用价值。学术界普遍认为，这个蚕茧透露了有关丝绸起源的重要信息。现在，这半颗蚕茧被珍藏于台北故宫博物院。

其实，蚕不仅仅出产于中国，在东南亚、欧洲、印度等地区都有野蚕分布，但是这些地区却都没有成为丝绸的诞生地。唯有中国,早在原始文明时期就把野蚕丝“织”成了丝绸。

>>中国人最早将野蚕驯养为家蚕

在为数不多的甲骨文中,“蚕”、“桑”、“丝”、“帛”几个字就已经存在。今天，带有“丝”偏旁的汉字则多达200余个。蚕与丝，对中华文明影响深远，甚至还有学者认为，蚕，还是龙的形象起源之一。

中国原始先民们这种对于蚕神的崇拜

嫘祖：是传说中的北方部落首领黄帝轩辕氏的元妃。《史记》记载黄帝娶西陵氏之女嫘祖为妻，她发明了养蚕，为“嫘祖始蚕”。

与敬畏，在民间散落着不少的线索。

嫘祖是中国北方一带所侍奉的蚕神娘娘，相传她是黄帝的正妃，也是历史上第一个发现养蚕抽丝技巧并将其传授于民的人。嫘祖在中国一些地区拥有极高地位。今天一些乡村仍在举行的各类蚕俗蚕祭，多半也是在纪念她。

河南西平，是传说中的嫘祖故居，据说从黄帝时代起，这里便开始植桑养蚕。西平流传着一句俗谚：“家有十棵桑，穿衣不大慌”。每年这里都要举行盛大的蚕祭仪式，在纪念先蚕娘娘的同时，也为自家的蚕宝宝祈福。

事实上，从商周开始，祭祀蚕神便十分隆重，在生产力不发达的年代，已经用牛、羊甚至人来祭祀。在封建社会历朝历代，都设有祭祀桑蚕的专门机构与特定仪式，皇帝与皇后都要亲自主持，皇帝亲耕，皇后亲桑，为黎民苍生作出表率。这些祭典也成为中国古代帝王劝民勤农的重要方式之一。南宋以来，各朝帝王都会以皇室名义摹绘或修订《耕织图》，以示对农桑的重视。

直到今天，在中国的很多地区仍然会有众多祭蚕、供蚕、拜蚕的活动，中国人对于蚕桑的深厚感情，并没有随着时光推移而磨灭。

贰

复制西汉丝绸：2 100年时空能否穿越

1972年1月，一座保存完好的西汉墓葬——长沙马王堆汉墓，在封藏了2 100年之后重见天日。当最后一层棺椁最终被打开时，首先出现在考古人员眼前的，就是大量的丝绸织物。令人称奇的是，尽管在地底下埋藏了2 100年，在刚刚出土时，这些丝绸依旧色彩鲜艳，如同新的一样。

湖南省博物馆的熊传薪是这次考古活动的主持人。他回忆道，在上千件保存完好、精美绝伦的出土丝绸中，最让人震撼的是一件式样朴素、没有任何装饰花纹的罩袍，也就是后来非常有名的素纱禅衣。熊传薪向记者回忆起素纱禅衣出土时的一个情景：当时从墓里拿出素纱禅衣的是一名经验不丰富的年轻考古工作者，拿起衣服时，他习惯性地将衣服展开轻轻抖了抖。这是来自2 100年前的丝绸，一旦接触空气，氧化作用加上无菌环境被破坏，极有可能马上破碎。然而这个大意的举动，却成就了素纱禅衣的另一个奇迹——在经历了2 100年的岁月之后，素纱禅衣仍旧十分柔软，组织结构相当完整，它安然无恙地来到了现代。

这件素纱禅衣不仅精美透明，而且重量仅49克。中国古代文学作品中经常形容衣物“薄如蝉翼”、“轻若云烟”，拿到手上以后感觉就像没拿东西一样。人们曾经以为这样的描述只是古代文学家的夸张修辞而已，直到这件素纱禅衣的出土。

当时，研究人员依据素纱禅衣的式样重新仿做了一件，款式和大小完全一样，可是重量竟有200多克，是素纱禅衣原件的4倍之多。

专家们认为，养蚕在中国已有六七千年历史。西汉时期，也就是2 100年前的蚕种还保留着很多野生特性，个体较小，蚕丝也十分纤细。今天的蚕种在2 000年里不断杂交驯化，体型肥大，早已经不可能吐出西汉时代那样纤细的蚕丝了。而用现在的家蚕吐出来的蚕丝来织造的话，就会远远超重。

1977年，国家文物局决定将复制素纱禅衣作为一项重点科研项目，交给南京云锦研究所的研究人员。于是，一项穿越2 100年时空的研究开始了。

首先，研究人员培植了一批特殊的桑树，完全采用西汉时期的植

>>马王堆汉墓出土的素纱禅衣

>>马王堆汉墓出土的朱红罗绮棉袍

>>马王堆汉墓出土的彩绛红纱棉袍

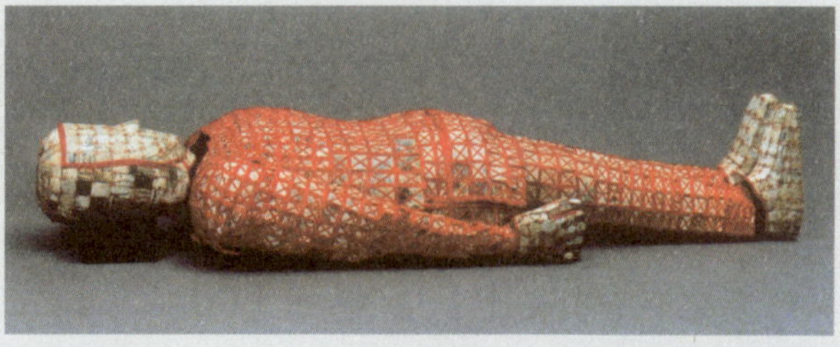

>>复原后的丝缕玉衣

桑工艺，空气、水、肥料都尽可能地接近2 000年前的环境，避免现代因素污染。

通过精心培育，2 000年前的桑叶是有了，然而最大的困难仍旧摆在眼前，今天的我们应该到哪里去寻找西汉时期的细蚕丝呢？在经过五六年的失败之后，最终，通过采取用药物控制蚕生长的办法，研究人员得到了现代社会最细的蚕丝。

然而，这种细蚕丝又给后来的织造过程带来了新的麻烦，蚕丝太细，很容易断；在现在的织机上也不好控制，研究人员只好为细蚕丝重新制造了一台特殊的织机，并且对织工提出严格的要求。

王宝林（南京云锦研究所所长）回忆：每天织工一来，都要先打水洗手，把手泡软以后，用指甲刀仔细地修剪，去除手上的老茧和倒刺，以防止勾起丝线。然后屋里洒水，特别是机台上要打湿，绷紧织幅，增加丝线的强度。

然而谁也不曾料到，这个复制的过程竟然长达20年，在经历了植桑、养蚕、缫丝、织布一道道复杂工序之后，一件全新的素纱禅衣出现在人们面前，无论从款式还是织造工艺来看，似乎都与原件没有任何差别。

但是它最让人们关注的重量，却仍旧是一个遗憾——49.5克，比西汉时期的原件还是重了0.5克。

叁

桑蚕走出东方：国家秘密如何被窃取

在公元1世纪一场发生在幼发拉底河流域的战争之前，欧洲人还从未见到过丝绸。

公元前，古安息国占据着亚欧大陆的瓶颈位置，得天独厚的地理位置让古安息人阻断了东西方交流的通道。他们拥有大量从中国得到的丝绸，却阻挡了丝绸进一步流向西方。公元前54年，位于安息国西面的罗马向安息人宣战。

张骞： 张骞（约公元前164~公元前114），字子文，汉中郡城固（今陕西省城固县）人，对丝绸之路的开拓有重大的贡献，并从西域诸国引进了汗血马、葡萄、苜蓿、石榴、胡桃、胡麻等。

当罗马人的进攻即将取得胜利之时，安息人却突然把他们的丝绸军旗散开晃动，在阳光的照耀之下，丝绸绚烂夺目，令人眼花缭乱，以致罗马军队误以为对方使用了前所未有的新式武器，最后军心涣散，惨败而归。西方史学家认为，罗马人正是从这次战争中第一次知道了丝绸。从此，他们便成为狂热的丝绸爱好者。

此后，随着汉代张骞出使西域，丝绸之路全线贯通，丝绸开始源源不断地运到罗马，并以它特有的魔力征服了古罗马乃至整个欧洲，相传罗马帝国的恺撒大帝曾在一次大宴群臣的宴会中，刻意脱去外套，只是为了显露里面的丝绸衣服。在当时，整个古罗马的王公贵族甚至平民百姓都以拥有一件丝绸衣服而感到荣耀。

>>明代黄地云龙海水孔雀羽织金妆花缎

因为购买丝绸要消耗大量的金币，导致罗马的国库日渐空虚。中国社会科学院的孟凡人教授认为，东罗马和西罗马的分裂，甚至西罗马的灭亡都与丝绸有关，因为金银货币大量流出对经济造成很大影响，丝绸价格的浮动，甚至可以成为判定帝国吉凶的一个指标。

痴迷于丝绸的罗马人也因此知道，在遥远的东方有一个强大而富饶的国家出产丝绸，当时的欧洲人称这个国家为塞里斯国，也就是丝国。

>>明代五彩金蟒纹织锦妆花缎

丝绸为中国带来了大量的财富，为了保护这种贸易局面，中国历朝历代一直有着明文规定：谁泄露了蚕丝的秘密，谁就会被判以极刑。蚕种和桑种的技术被中国人封锁起来，罗马人不知道蚕丝的真实情况，只能凭借各种各样奇异的联想来猜测。据记载，罗马人最初曾认为，丝绸是在一种特别的树皮上拿梳子梳出来的；也有人猜想丝绸来自一种小动物，比金龟子大一点，喂几天

>>马王堆汉墓出土的娟裙

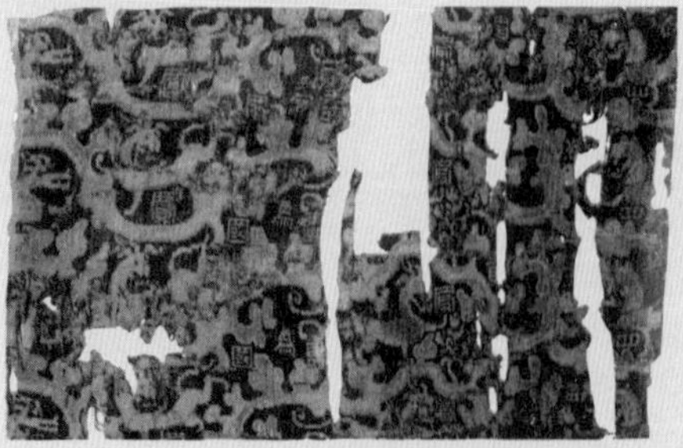

>>东汉“望四海贵富寿为国庆”蜀锦

>>马王堆汉墓出土的帛书

以后，它就会像蜘蛛一样吐丝。

丝绸的高昂价格，使得欧洲一直渴望得到蚕。于是，他们不断使出一些计谋试图获取蚕桑的秘密。在公元6世纪左右，这个被中国人精心保守的秘密终于传到了西方世界。

成书于唐代贞观时期的《大唐西域记》记载了一个故事，讲到东国的公主远嫁于阗国，公主把蚕种藏在帽子里悄悄带走，从此以后于阗国就拥有了桑蚕。

《大唐西域记》中的这段有关蚕桑的记载，在一幅从新疆发掘出的古代版画中得到证实。版画中央画着一位盛装的贵妇人，头上戴着帽子，左右各有一侍女，其中一位侍女指着贵妇人的帽子。有学者认为，这位贵妇人就是将桑种和蚕籽传到西域的东方公主。

后来在新疆地区甚至还形成了一种当地特有的丝绸——艾德莱丝绸。各个不同文化所发展出的织造技艺也相互影响，例如，发端于西部的缂丝技术传回中原，则形成了名闻天下的“苏州缂丝”。

此外，中国社会科学院的孟凡人还注意到了另一条传播途径：东罗马的皇帝贾斯丁尼，在公元550年或551年，曾经指派两个波斯僧人来到中国，而这两个人的使命就是窃取蚕种。最后，他们把蚕种藏在竹杖里偷偷带到了西方。

于是，蚕丝不再是专属于中国人的机密，蚕桑跟随着丝绸开始了走遍世界的旅行。

肆

意法丝绸之战：里昂怎样打败科摩

从此以后，欧洲人的丝绸已经不仅仅来自于中国。他们开始在本国大力推广蚕桑技术，自己纺织丝绸。丝绸与丝绸文化逐步成为欧洲人生活中的重要组成部分。一个个丝绸手工作坊兴起，并且逐步集中起来，欧洲大陆开始产生出好几个大的丝绸中心，第一个便是意大利的科摩市。

大约500年前，意大利的北部有了一些小型的丝绸手工作坊，并且将生产出的丝绸集中到科摩去销售。汇聚了许多商人的科摩，慢慢开出一些丝绸工厂，逐步发展成为全意大利最重要的丝绸中心。

成立于1868年的科摩大学，前身是科摩丝绸工学院，印花和织造作为这所学校的传统课程，已经持续了上百年的历史。这所学校为全世界培养了大量优秀的丝绸人才，现在每年大约有80名来自中国的留学生，在这里学习丝绸印染与纺织工艺。

在科摩大学的丝绸实验室内，陈列着从古老到现代的各种织机，学生们在不同时代的机器上，感悟着几千年来各式各样丝绸的艺术魅力。

>>明代米黄色地盘绦填花宋锦

意大利科摩大学校长安娜·科尔娜佳告诉记者，在大约500年前的16世纪，意大利的北部就已经拥有小型的丝绸行业。19世纪，科摩开始成为一个重要的丝绸中心。到了20世纪，这里已经成为全欧洲最重要的丝绸中心。

500年前，欧洲大陆的丝绸最先从意大利开始兴起。欧洲其他国家都从意大利进口丝绸，其中需求量最大的是法国。当时法国王室和贵族们所用的丝绸全

>>南越王墓墓室第二道门

部从意大利进口，价格昂贵，却也无可奈何。意大利的丝绸商人从中赚取了大量的财富。

法国里昂丝绸博物馆的馆长玛丽女士介绍说，在14至15世纪的时候，丝绸中心在意大利。当时法国所有的王子公主，他们身上穿着的丝绸都非常昂贵，全部进口自意大利。

然而，今天欧洲最著名的丝绸之都却并不在意大利，而是在法国的里昂。不过，它的兴起也与意大利有着直接的关系。里昂处于意大利通往法国的必经之路，是南北交通要道，几百年前从意大利进口过来的所有丝绸都是在这里整理、打包，再运送到法国其他地方。

1466年，法国国王路易十一不愿意再接受意大利丝绸的高价，决定发展本国的丝绸织造业，他当时便选择了地理条件优越的里昂。

在法国政府的支持下，里昂开始大面积种植桑树，并且派遣织工去意大利和中国学习丝织技术。17世纪左右，法国里昂开始发展为欧洲的丝绸生产中心，同时也成为法国王室及贵族们所用丝绸的唯一来源地。

到了19世纪，由于雅卡尔织机的发明，使得里昂的丝绸业发生巨大变革，丝绸产量大幅度提高，甚至所生产的3/4的丝绸开始用于出口。里昂从此成为欧洲最大的丝绸生产地，开始走上世界丝绸之都的舞台。

伍

当丝绸遭遇金属：云锦为何灿若云霞

与此同时，中国的丝绸却在朝着另一个方向急速发展。

1987年，在陕西省宝鸡市的法门寺考古发掘中，出土了大量珍贵的唐代文物，其中仅丝织品就多达700多件。从目前已经揭展的少数丝织品中可以一窥唐代丝织工艺的发展程度，这其中最引人注目的，便是“捻金线”的织造工艺。当时的人们已经开始向丝绸中添加金属等其他成分。

邢福来（陕西省考古研究所副研究员）：捻金线就是把金锤打成金箔，然后裁成条，有的是里面要加上芯，拿手把它搓成细线，然后再把它盘成一些图案，绣在丝织品的表面，这种工艺叫做织金锦，或者簇金绣。

在法门寺地宫中出土的绫纹织金锦中，捻金线平均直径0.1毫米，最细处仅0.06毫米，比头发丝还细，每米金丝线上绕金箔3 000捻回，为古今丝织品一绝。

丝绸研究界认为，在丝织品历史上，“捻金线”的发明为唐代的丝织业开启了一个灿烂的新时代，并对后来的云锦、宋锦、缂丝等丝绸工艺带来了相当大的影响。从唐代开始，匠人们开始把捻金线技艺运用到丝织工艺中去，尤其是后来南京云锦的织金工艺，更是将捻金线的技艺传承至登峰造极。

南京云锦，是江南地区的一种织锦，因为色彩绚烂如同天上的云霞一样而得名，距今已有700年历史。它在明清年间进入皇家，成为宫廷的御用之物，从此平民百姓不得染指，身份高贵可想而知。而云锦的华丽，在相当程度上来自于它所织入的大量金线、银线以及孔雀羽毛等其他成分。

明清年间是云锦全盛时期，当时南京从事织锦业的有30万户之多，称为“踹匠”，当时的户籍制度对这种手工业者有一种专门的称谓：机户。秦淮河畔，家家机杼声，昼夜响不停。《红楼梦》的作者曹雪芹祖上三代都在江宁织造任职。因此，熟悉云锦的曹雪芹在写《红楼梦》时，描述主角的服饰个个都是花团锦簇，与人相映生辉。中国工艺美术大师金文说，我们云锦

>>经显微镜放大后的南越王墓出土的织物纹饰

人看《红楼梦》，满眼皆云锦。

云锦有三大品种：库锦、库缎和妆花。其中妆花有着最为繁杂的工序，是云锦织造的登峰造极之作，一般用来制作龙袍。妆花的核心技艺被称作“挑花结本”，也是最为复杂的一种工艺。

挑花结本实际是按照古代结绳记事的方法，把画稿变成一根根的丝线，最后连贯起来，成为一团团的花本，这种技艺也被称为“挖花”。在“挖花”的过程中，平面的图样被放大成立体的结构，花本的体积要远远超过衣服本身。

周双喜（南京云锦研究所技术总监）：一件龙袍织出以后，它的花本重达100多斤，长度甚至达到几百米。

云锦的织造工艺极其复杂，一台织机两个工人昼夜不停也只能织上一寸。在古代一件云锦龙袍制作完成，需要长达10年的时间。

陆

李政道寻访绣娘：丝绸如何展现核子碰撞

丝绸历来是苏州的支柱产业，过去几乎家家养蚕，户户刺绣。苏州坊间一直流传着“姑苏十二娘”的说法。“姑苏十二娘”是由船娘、绣娘、织娘、茶娘、扇娘、灯娘、琴娘、蚕娘、花娘、歌娘、画娘、蚌娘组成，十二娘中绣娘、织娘、蚕娘三位与丝绸相关。

清代末年，绣娘在苏州有10万之多，开启了苏绣的全盛时期。这一时期流派繁衍，名手竞秀，享誉盛名的刺绣能人辈出，产生了对苏绣发展有重大影响的顾绣、沈绣等。

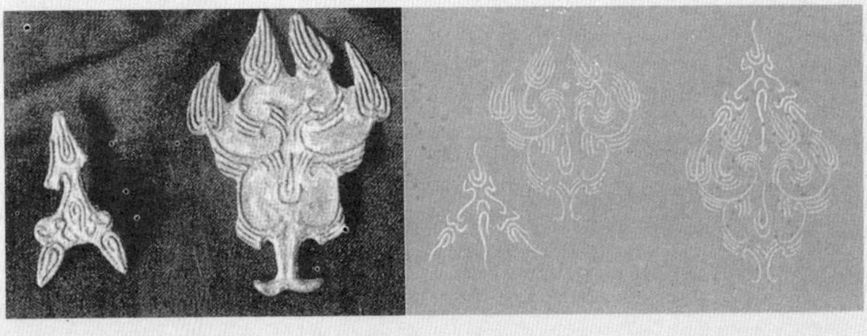

>>南越王墓中出土的两块青铜凸纹印花版，其纹路正好与马王堆中出土的金银色敷彩纱部分纹样吻合

>>雅卡尔织机所使用的打孔卡片

1911年，沈寿绣成《意大利皇后爱丽娜像》，作为国礼被赠送给了意大利，轰动朝野，将中国的刺绣艺术传播至西方世界。1915年，另一幅写实作品《耶稣像》，更是获得了美国旧金山“巴拿马-太平洋国际博览会”的一等奖。因为沈寿的影响，苏绣作品已不仅仅是传统的花鸟鱼虫，更开始描绘出现代的元素。

2000年底，著名科学家李政道教授在美国长岛的超级对撞机上进行了一次重要的实验：在超强电流推动下，两颗金核子在加速中高速对撞，互相穿透，形成瞬间真空状态。这是著名的物理学实验——金核子对撞。

试验成功后，李政道教授来到环秀山庄，邀请当时苏州市刺绣研究所副所长张美芳和她的苏绣团队，将《金核子对撞》时的精彩瞬间定格成为刺绣艺术品，听到这个消息，一开始张美芳就立刻想到了回绝。

张美芳（苏州刺绣研究所前副所长）回忆：我看到了照片，我说这个不能做，它既没有轮廓，又没有具体的很具象的东西。跟我们熟悉的刺绣语言，完全是两码事。

在金核子对撞的电子显微镜照片中，线条的色彩、粗细和力度各异，并呈现神奇的折光闪烁。以黑色为底的画面呈半透明朦胧态，许多色彩需要专门配染，这些都是苏绣常规丝线和工艺很难达到的效果。

在李政道教授的坚持下，张美芳最终接下了这个任务。通过多方寻找和研究，张美芳发现了一种新型纺织材料——三叶异型丝，用这种具有特殊横截面的丝线作绣线，较好地表现了射线的光泽亮度和闪闪烁烁的动感。同时，她运用刺绣工艺的创新针法，使交叉重叠的线条疏密合理、自然流畅，逼真地再现了金核子碰撞瞬间的奇妙现象。

2006年，李政道教授在北京举办了一个名为《科学与艺术》的展览，这幅由苏州刺绣研究所绣成的《金核子对撞》，被李政道先生放在大厅内，并向在场的来宾们亲自讲解这幅苏绣作品诞生的来龙去脉。

忆及当时情景，张美芳感叹道：苏绣艺术的未来是思维大于技巧的时代。

柒

丝织技艺创新：宋锦专家为何介入医学研究

2008年5月的一天，上海胸科医院的外科手术室内正在进行一场心血管手术，患者因患动脉瘤而生命垂危，医生们将切除掉患者坏死的血管，为他更换新型人造血管，这是唯一能够挽救患者生命的治疗方法。而新型人造血管的研制成功，却是拜传统的丝织技艺所赐。

>>清代乾隆黄杀织彩云金龙夹龙袍

>>清代大红缎织彩云金龙皮朝服

医学界对于人造血管的研究已经长达半个世纪，人造血管的材料也由塑料、尼龙、蚕丝逐渐演变成了现在被广泛使用的涤纶长丝。今天被广泛运用于临床的人造血管，有着与人体血管接近的韧性与弹性。但在30年前，如何将涤纶长丝编织成适合人体的血管，却是摆在专家面前的一大难题。

1975年进行人造血管研究时，除了主持的医生，还有一个特殊的人物——钱小萍。她并不是医生，而是当年苏州丝绸博物馆的馆长，享誉业界的宋锦艺术家。

1974年，上海胸科医院的专家找到钱小萍，希望借助这位丝绸艺术家灵巧的双手与几十年的织造经验，用编织的方法来制造人造血管，钱小萍开始了一项艰巨而陌生的挑战。

无数次的失败之后，钱小萍终于采用最传统的针织技术编织出我国的第一根人造血管。这种用丝织工艺织就的人造血管，在临床中表现出了极大的优势，它的膨胀与伸缩能力基本符合人体血液循环的节律，并且具有相当的韧性与弹性。

直到今天，人造血管的编织仍旧在沿用当年钱小萍试验时的丝织方法。

由传统纺织技艺织就的生命血管，在越来越多的心血管患者身上得到运用，同样的编织技术，也开始用于其他人造器官的研究中。

2006年，江苏苏豪国际集团与苏州大学有关专家合作，研究开发出了一种新型的“人造皮肤”。它的原料来自蚕，通过从蚕茧中萃取的蚕丝丝素蛋白制造出薄膜状的敷料，可以代替真皮移植，用来治愈人体烧烫伤，目前已经进入临床实验阶段。

>>清代月白缎织彩百花飞碟夹衣

中国古人曾经认为蚕能够破茧重生，因而曾将重生的梦想寄托于蚕和丝绸，渴望有一天也能像蚕一样破茧而出得到新生。今天，这些用丝线编织出的人造血管，以及从蚕丝萃取的人造皮肤，开始为生命的延续赋予新的动力——蚕和丝仿佛正在实现远古祖先重生的梦想，解答千百年前中国古人对于生命再生的疑虑。

捌

马王堆敷彩之谜：印花技术发明提前 1 000 多年

1972年，在长沙马王堆的西汉出土文物中，有一件印花敷彩纱格外精美，彩纱上画面清晰，图案按照一定的规律重复着，并且拥有几种不同的颜色。在出土时，考古学家就隐隐感到，这件彩纱文物上的花纹不像是人工画上去的，而更像是印刷上去的。

马王堆博物馆前馆长熊传薪认为这很可能就是古代的套印技艺。套印花纹花卉颜色各不相同，套印完成后还要进行手绘加工。

然而，这件西汉彩纱上这种花纹规则、线条清晰，并且拥有几种颜色的“套印”，究竟是用什么工具印上去的呢？令熊传薪感到遗憾的是，在这座古墓中，并没有发现印花的模子。

在马王堆考古发现11年后的1983年，在广州象岗山发现一座汉墓，据考证为南越王墓。这个古墓与马王堆汉墓处于同一时期。墓内出土的两个奇怪的小铜器，引起了马王堆考古学家的关注。据考证，小铜器是用于丝绸印花的凸版，它类似于图章，在印花时，工匠在台板上按先横后竖的次序，盖图章似的逐个在丝绸上打印。

巧合的是，这个模子印出来的花纹竟与马王堆出土的印花敷彩纱上的花纹如出一辙。

专家认为，马王堆印花敷彩纱使用的是一种难度较大的彩色套印技术。制作时，工匠先将不同的印花版蘸上不同的颜料，然后在织物上一层层套印，使它成为一幅由不同色彩组成的彩色图案，这与后来发明的雕版印刷十分相似。

在马王堆考古之前，史学界普遍认为印花技术大约出现在唐宋时期，印花敷彩纱的出土，将印花技术的诞生提前了1 000多年。

玖

来自云锦的礼物：计算机先祖是织机

在南京云锦的织造房中，大花楼提花机可谓庞然大物，寸锦寸金的南京云锦是由这架结构复杂的机器生产出来的。出人意料的是，现代电子计算机的运行原理，竟与大花楼提花机的织造工艺有着异曲同工之妙。

周双喜（南京云锦研究所技术总监）：如果把这台大花楼织机看作一台计算机的话，那么上面的那个人就是按照程序在敲键盘，下面那个织造的人实际就是在进行屏幕的显示。

织造前的“挑花结本”相当于计算机的软件设计，它用古老的结绳记事的方法把花纹图案转化成为提花机的程序语言。这个过程，类似于现代计算机中程序输入与存储过程，只不过计算机中用来输入输出的数据在提花机上被一根根丝线所取代。挑花结本进行时，首先要把纹样按织物的具体规格计算，然后按纹样图案的规律，将繁杂的图案与色彩进行最大限度的同类合并，编结成一本能上机织造，让织手读懂的程序语言花本。

为什么普通的织布机会和计算机有这么多的共同之处？难道织布机竟然是电子计算机的先祖吗？

19世纪早期，法国里昂成为欧洲最大的丝织之都，但当时里昂所采用的织布机全部是从中国流传过去的手工提花机。随着工业革命的兴起，原始的织机已经不能适应大批量的织造生产，于是一个叫雅卡尔的工程师决心改变这种手工劳作的局面。

1804年，雅卡尔用预先打孔的卡片取代了原来的“挑花结本”，用以控制织物的编织式样，速度比老式手工提花机提高了25倍，这种新的织布机被称为“雅卡尔提花机”。正是这种新型的打孔方式，启发了后来计算机的发明。

法国里昂丝绸博物馆中陈列着雅卡尔提花机，馆长玛丽女士介绍说，“雅卡尔提花机”实际与计算机的运行机制完全一样，有孔与无孔的设定其实就是一种二进制。

19世纪的最后几十年，美国数学家赫尔曼·霍尔瑞斯借鉴雅卡尔的打孔卡片发明了一种特殊的机器，供户口调查员处理数据。这部被称为“制表机”的机器大大提高了人口数据处理的速度，它的原理与雅卡尔提花机很接近。

20世纪40年代，计算机时代开始，但那时的计算机并没有放弃类似于雅卡尔提花机上的那种打孔卡片，甚至计算机程序编写与输入都仍旧采用打孔纸带。

从挑花结本到打孔卡片，再到电子媒介，今天被视为科技尖端的计算机，竟与织布机血脉相连。当我们在使用电脑的时候，本质上也是在以光速做着编织工作，织布机的工作原理不经意地为人类打开了一扇信息控制的大门，这是蚕和丝带给全人类的礼物。

>>法国人雅卡尔发明的打孔式提花织机

拾

蚕与丝的未来：梦想有多远

2003年11月15日，中国科学家宣布，经过400多名中国科研人员5个多月的艰苦努力，中国成功绘制出世界上第一张家蚕基因组“框架图”。

中国工程院院士向仲怀是这一科研项目的主持人，他告诉记者，家蚕基因组“框架图”的绘制成功，为家蚕研究打开了一个全新局面。

根据家蚕基因组图，利用转基因技术，通过对家蚕基因结构的调整，可以让家蚕吐出不同的丝。这种丝的分子结构与传统的蚕丝完全不同。于是，一只只家蚕将被改造成为理想的“昆虫生物工厂”，生产出各种各样的蛋白质，这些蛋白质可以用来制造生物药品、化妆品以及一些重要生物工程材料。

而北京航空航天大学的研究人员，则在考虑利用蚕所富含的高蛋白质，作为远程空间飞行中航天员的动物蛋白质来源。不久的将来，弱小的蚕，也许将会成为中国航天事业生态生命保障系统的重要组成部分。

此外，家蚕是鳞翅目的代表昆虫，而传统的农林害虫70%都属于鳞翅目。一些科学研究者们正在试验让家蚕作为生物反应器，通过对于家蚕基因的研究，探讨、寻找农林害虫防治的新途径、新方法。蚕和丝的未来利用将远远超过现有领域，基因工程时代的到来，将会让未来的蚕与丝创造出更多新用途、新材料。

>>在不久的将来，科学家可以利用转基因技术培育出超乎想象的蚕丝产品

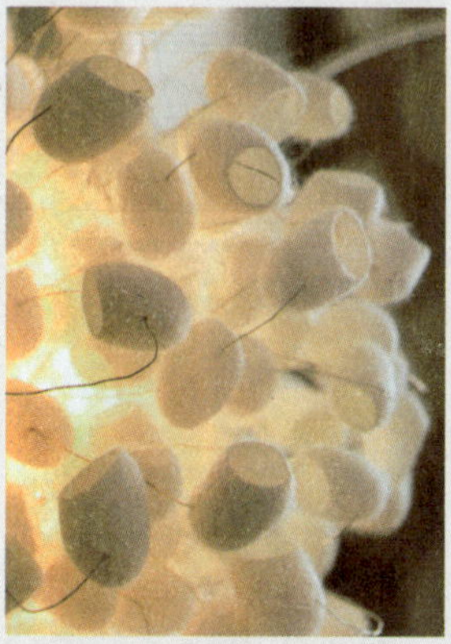

>>一款以蚕茧为装饰的灯具

中国人对于蚕与丝的梦想依旧在延续之中，而这些梦想早已远远超出古人的“重生”梦想之外。未来有多远，梦想就有多远。

古老的南方丝绸之路

3 000多年前，一条跨越西南山水通往西亚的古道，曾是经贸往来、文化交流的商旅通道，它比灿烂的丝绸之路还要早200多年。

壹
古蜀边关

2007年11月18日，四川广汉三星堆博物馆的工作人员正在布置一场特殊的展览。陈列的展品除了人们熟知的巨大青铜面具，还有其他一些奇怪的青铜器。它们并非都是三星堆博物馆的收藏，而是来自四川南部和云南地区。

这些文物被组合在一起的原因在于，它们都来自于一条古老的道路，它就是人们所说的南方丝绸之路。

>>青铜像都具有三星堆文化元素

南方丝绸之路是中国历史上第一条民间商道，它出现的年代至少比闻名于世的北方丝绸之路要早200多年。关于这条道路，最初的线索来自《汉书》的记载，据说张骞通西域之前，这条民间商道已经存在。它从当时的蜀地，成都平原的中心出发，穿过云南，经过缅甸北部一直到达印

南方丝绸之路： 南方丝绸之路，也称蜀身毒道，是一条起于今天的中国四川成都，经云南，到达印度的通商孔道。其总长有大约2 000千米，是中国最古老的国际通道之一。

>>表现祭祀活动的青铜器

度以西。

1986年成都平原三星堆遗址的发现，曾经轰动世界。它让人们认识到3 000年前的长江流域，古蜀人曾经建立起一个有着灿烂青铜文明的古蜀王国。奇怪的是，这里出土的青铜器物与中国黄河流域的青铜礼器似乎毫无关联。

在3 000多年前的青铜时代，中国黄河流域的先民把青铜尊和青铜鼎作为权力的象征。这种体量庞大、风格稳健、凝重的礼器，是中原商王朝典型的青铜器物，也是中国历史学家熟悉的青铜器物造型。

而生活在四川盆地的古蜀人，用极大的智慧制作了令后人惊奇的青铜器，在难以计数的青铜器中，青铜头像首先映入人们眼帘。铜像鼻梁高耸，眼睛突出，脸相不像今天的四川居民，与中原人的长相差别很大。更令人难以理解的是，这些发型、长相各不相同的人像却有着同样奇怪的表情。

对于三星堆形象的来源有很多不同的猜想。在三星堆的墓葬中曾经发现了大量象牙和贝壳，经证明，这些贝壳是来自印度洋的海贝。古代历史上海贝曾作为商品贸易的中介，这让人们产生了联想，一条古老的商道连接着三星堆与印度洋流域。

更多的证据似乎在强化这样的认识。

在三星堆所有的青铜器物中，一棵青铜神树体量最大，高近4米，分为3层的巨大枝丫上，10只栩栩如生的青铜神鸟立在花萼上。最让人奇怪的是，在神树下方，卧着一条长有翅膀的龙。

段渝（四川师范大学教授）：三星堆的很多东西我们看不明白，因为它的造型跟我们常见的中原青铜文明不一样，比如龙身上有翅膀，这在中国先秦时代是没有的。我们如果把眼界打开，在中国的西边、两河流域、近东地区，有大量人头像和动物的形象与三星堆相似，我们最初怀疑它跟西亚文明有关。

这些有着异域风格的三星堆文物似乎在告诉人们，早在3 000年前，在西南的山水之间已经存在一条隐秘的通道，连接着三星堆的古蜀王国与遥远的西亚和中非。

>>巴蜀图语印章

另一个问题是，延续千年的三星堆青铜王国消失后，青铜文明在西南地区不仅没消失,而且达到了另一个发展高峰。近年来人们在西南丝绸之路沿线发现了大量青铜文物，其形象的精美和造型的奇特足以令人相信，这是一个不能忽视的青铜文明。

2007年11月18日，“探秘三星堆，重走南丝路”大型人文考察行动正式启动。从三星堆博物馆出发，考察队员们将沿着古老的西南丝绸之路，一路向西向南探寻地上的遗迹和地下的文物，为人们呈现一条真实的南方丝绸之路和一个被人遗忘的青铜时代。

从成都平原的中心一路向西，几十千米的路程之后，考察队到达四川盆地的边缘邛崃山。听当地人说，邛崃山上留存着一条秦汉时代在西南开辟的道路，叫灵关道，也叫牦牛道。

据说当年汉武帝从张骞那里得知消息，在中国西南部有一条神秘的民间商道，于是派出大军，打通了这条业已存在的国际通道。一条民间商道就这样变成了一条官道。由于它始于丝织业发达的成都平原,并以沿途的丝绸商贸著称,因此也被历史学家称为“南方丝绸之路”。

一路行走，脚下是卵石铺就的山中小道，并没有发现这条道路有什么特别之处。难道这条道路真的是2 000年前留下的古道吗?

原来这条荒废的小路，就是大名鼎鼎的灵关道，当时是条通向西南的干道，这条路有非常浓重的秦汉风格。比如旁边的护墙就跟秦汉时期的甬道、官路非常像。两边护墙的作用是保护行人和辎重，把水挡在外边，可以保护路基。这条路还有一个特点，中间用石头垒成一条石线，有点儿像现代的公路把左右车道分开。

灵关道作为西南丝路的西线，是连接四川和云南的重要道路。仍然存留的灵关道遗迹见证了汉武帝开拓西南的历史，遗憾的是因为时间久远，类似这样的地上遗迹几乎难以发现，我们希望通过对地下文物的探寻来还原这条道路上的久远往事。

离开邛崃山后，考察队一路向南，进入青衣江流域。

路边开始出现身着藏羌服饰的当地人，据历史学家研究，这些藏羌混血人群是古老的青衣羌国的后代。历史记载，2 000年前青衣江流域居住着一支叫青衣羌的民族，曾经建立起一个古老的国度——青衣羌国。

>>双耳罐

在雅安市文管所，我们见到了一件羊头双

>>制作奇巧的青铜器

耳陶罐，它透露出了青衣羌人的遥远身世。

装饰着羊头纹的双耳罐是史前时期生活在西北高原的游牧民族羌族的典型器物。在遥远的史前时代，甘肃、青海一带的古羌人曾经多次沿着高山峡谷向西南迁徙。其中一支羌人定居在青衣江流域，建立起青衣羌国。而成都平原三星堆的古蜀人，很有可能是另外一支古羌人的后代。

双耳罐的存在让我们确认，2 000年前的青衣羌国与3 000年前三星堆的古蜀王国有着同样的来源。

根据历史记载，春秋战国时期，青衣羌国在川西地区的势力已经非常强盛，古蜀王下令举兵进攻。这场发生在西南腹地的战争终结了青衣羌国短暂的历史命运，战败后的青衣羌国成为古蜀国的附属国，成为古蜀国的西部屏障，从此，青衣羌国作为一个王国从中国的历史上消失了。

>>饰人钺贝器

芦山县文管所所长告诉我们，在他们的库房里，珍藏着一件汉代青铜器，它证明三星堆时期的文化从成都平原传到了青衣江一带。

郭凤武（芦山县博物馆馆长）：这是一件跪像，周围是几只神兽，神兽好像有羽毛，这个人是全裸，这儿有个座子。这个座子和三星堆出土的跪坐人像形制上比较一致，从他的表情各方面来看有些联系。

>>饰虎猪纠结戈

同样用青铜作雕刻材料，同样都是跪坐，同样有着虔诚的祭祀表情，眼前的青铜人像与我们在三星堆博物馆所见的青铜顶尊像和青铜跪坐人像，确实具有很多相似性。也许，青衣羌国被古蜀王消灭以后，青衣江流域的文化就开始被古蜀国同化了。

2 000年前强大的古蜀王国达到鼎盛时期，那么蜀王的势力曾经强大到怎样的程度？哪里才是古蜀国的边关呢？

离开青衣江流域，我们向南进入荥经县境内。听说，在2 000年前的汉代，这里曾经有过一个规模庞大的古城，在当地博物馆馆长的带领下，我们出发去寻找一段严道古城遗留的城墙。

>>饰二水鸟啄

在一片荒野上，我们见到了一段高三四米，长十多米的土墙，这就是2 000多年前严道古城残留的城墙遗迹。

记者：这座城市在当时是个大城，为什么选择在这里建高墙、深壕的大城呢？

高俊刚（荥经县博物馆馆长）：严道在古代是汉族和少数民族的分界岭，是屯军用的。

记者：这里有没有一条路可以连接四川和更南的方向呢？

高俊刚：史书记载有一条牦牛道在这里通过。

牦牛道是灵关道的另一种称呼，根据馆长推论，最早开通这条连通四川与云南的商道的是古蜀王。为了守卫这条商道，古蜀王在这里建立了军事机构。

在这里，考古学家们曾经发现了大量的青铜兵器。奇怪的是，这些兵器上有着大量神秘的符号，同样的符号在成都平原出土的战国时期的兵器上屡见不鲜。学者们认定，这些符号正是巴蜀图语，这些青铜兵器的来源地可能就是成都平原。

这些印章上面同样有着被称为巴蜀图语的奇怪符号，但是，对于它们代表的含义，专家们一直众说纷纭。而对于它们的作用，一种非同寻常的说法，证明了严道作为古蜀边关的经济意义。

高俊刚：战国时期，荥经是南方丝绸之路上的边关贸易重镇，所有的贸易在这里集中、分散，贸易量相当大。中央政府为了控制税收，成立一个机构，这种机构为了控制商品的流通，这种印章可能是通关的凭证。

>>饰三熊戈

作为商品往来的必经之地，古蜀王派驻这里的军队，也许还承担着向来往商人收取税收的责任，这给成都平原的古蜀王国带来最切实的利益。也许是巨大的经济利益让古蜀地区的统治者充分认识到道路的重要性，在古蜀王国被中原的汉王朝同化后，他们依然对修建这一地区的道路抱有很大的热情。

在河谷边的石壁上，我们找到了一段栈道遗迹。方形的石孔是当年修栈道时插入石壁的木桩留下的遗迹。还有描述栈道修建过程的刻石。

高俊刚：何君尊楗阁刻石记述的蜀郡太守派遣的官

员，是个临邛人，他带领刑徒修建栈道。这条栈道的名字就叫尊楗阁，尊就是高大的意思。修了55丈长，历时3年才修完。

这块“何君阁道”摩崖题记，记载了东汉时期的公元57年，曾经有一批工匠以惊人的勇气和高超的技术，在悬崖峭壁上修建了一段栈道，也许正是通过这条道路，古蜀先民们可以经由云南，远至印度和中东。

从这一刻开始，我们将离开古蜀王国的边关，进入更加陌生而神秘的地带。

贰

大石奇墓

离开古蜀边关严道古城后，考察队继续向南，翻越群山，进入凉山州境内。安宁河自北向南流经凉山州。

20世纪70年代，在安宁河流域的一次考古调查中，考古学家从河流两岸发现了许多堆积的巨石，搬除巨石后，出现了大量堆积的人骨。考古学家们意识到，他们发现了一种特殊的古墓。这种墓用巨石砌成墓室，顶部以巨大的墓顶石覆盖，考古学家把这种古墓称为“大石墓”。

在凉山州博物馆考古队队长唐亮的带领下，我们见到了这种奇怪的墓葬，墓葬更像是一座小石头房子。

>>大石墓

唐亮：这是墓壁室，把石块的自然平面向里码成墓穴，凹凸不平的面在外头，墓穴做成以后，在外面加封土，再把墓穴里面夯实了。再用巨石把墓穴全覆盖住，把里边的夯土掏干净了，就成为墓穴了。这种墓不是一次葬，而是二次葬，人死了以后先放在墓穴外面，风干后只剩骨架，再把骨架放进去。而且这种墓葬没有等级，包括尸骨在里面的堆积也是没有等级的。

考古学家们对这些墓葬进行了发掘，发现每座墓葬中堆积着数量众多、杂乱无章的尸骨，少的几十具，多的一百多具。

西汉史学家司马迁的《史记》中有这样的记载：“自滇以北，君长以十数，邛都最大，此皆椎髻，耕田有邑聚。”说在古代安宁河流域，生活着一个叫邛人的部落，他们梳着椎髻，过着农耕的生活。

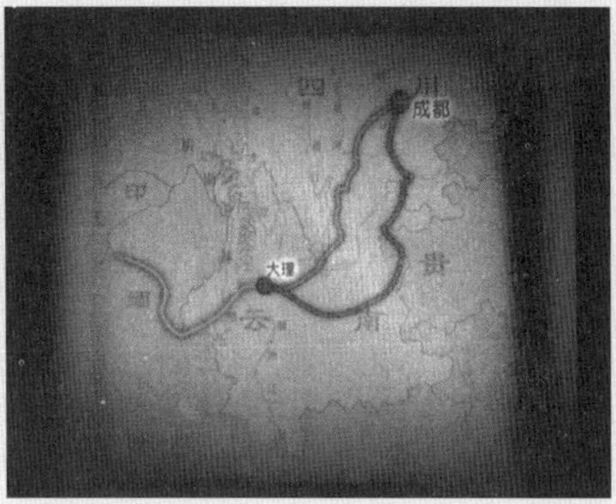

>>南方古丝路示意图

考古学家在大石墓中发现了大量陶器，它们的年代指向2 000多年前的战国到西汉时期。专家们因此认定，大石墓的主人正是邛人部落。邛人，这个崇拜石头的部落究竟来自何方呢？

通过对出土文物的发掘，专家们惊异地发现，他们与岷江上游的古羌人有着相同的来源。

大石墓中出土的这些陶罐中，出现频率最高的又是双耳陶罐。

唐亮：陶罐有板耳，有S形的附加堆纹和水波的漩纹，这种纹饰不仅在大石墓中有，在其他墓葬和其他流域也有。大石墓是安宁河流域特有的，它是邛人的。可是在岷江上游，一种石棺葬文化里也发现这种罐子，也是这种纹饰。可以说，这两种文化形式是有一定交融和沟通的。

石棺葬是岷江上游古羌人留下的一种墓葬形制，它用石板在地下堆砌出一个长条形状的墓穴，墓顶同样以石板覆盖，同样以石头为材料制作墓穴，同样使用双耳罐陪葬。考古学家推测，安宁河流域的邛人和岷江上游的古羌族可能有着同样的来源。

彭邦本（四川大学历史文化学院教授）：羌是什么，羌就是西戎牧羊人也。就是说在西部的这些以游牧为生的族群，当时笼统称之为羌。

原来，在黄河流域的甘肃、青海与长江流域的四川之间，自古存在着一条文化走廊，古代羌族曾经经历了无数次迁徙，今天生活在岷江上游的羌族，是古羌族与当地土著民族融合的后代。

唐亮：从这些现象可以推测，大石墓的主人可能是早期西北游牧民族，逐水草而居，到安宁河流域，发现这里水草丰美，便定居下来，从游牧变成农耕的民族。

在三星堆博物馆，陈列着一件羊首龙身的青铜雕塑，它的身子盘旋在柱子上，头上长着龙角，下巴上却有着一把典型的山羊胡子。龙是中华民族共同的原始图腾崇拜，把龙想象成一头飞翔的山羊却是古蜀人独特的想象。专家们推测，这件青铜器物是为了铭

>>饰骑士牧牛场面贮贝器

记古蜀人的祖先是以羊为图腾的古羌族。

专家认为，无论是邛人，还是成都平原的古蜀人，都是西北游牧民族古羌人的后代，他们可能具有共同的族源。

当考古学家把三星堆出土的57件青铜头像排成一排时，他们发现：这些青铜头像无论大小、高低，有着同样的表情。似乎在设计和制造过程中遵循着来自权威部门的统一指导，无论发式和面庞如何改变，这种怪异的表情却是它们延续不变的风格。这些数目众多的青铜人头像代表的是什么人呢？

黄剑华（四川省考古研究院研究员）：文献记载，西南地区有很多大大小小的部落，有氏族、部落、宗族，他们就要推选一个比较有代表性的共主，领导其他部族一起搞大型的祭祀活动，形成酋邦制、共主制的社会结构。

历史学家推测，3 000年前，三星堆的蜀王是西南地区权力最大的酋长。每逢重大事件发生时，他带领来自周边不同部落的首领，登上高大的祭祀台，开始一场隆重的典礼。这样的典礼也许具有浓重的政治意味，作为群雄之长和群巫之首的蜀王，通过这种神秘庄严的仪式，以神的名义，向他的子民宣告，自己的权力不容侵犯和亵渎。青铜雕像群正是这种仪式的反映。

采用石棺葬形式是古羌人的一种标志性的习俗，但是为什么邛人要建造如此巨大的火石墓穴，其中的原因已无从考证。人们关心的问题是，安宁河流域的大石墓运用的是天然巨石，少则几吨，重则十几吨。在2 000年前，邛人是如何搬运如此沉重的天然巨石来搭建墓穴的呢？

从一座保存完好的大石墓，可以观察到占代建筑师们的智慧。这座大石墓的后部，有一条长长的用土堆积起来的“尾巴”，使整座大石墓看起来像一条巨大的蝌蚪。这条“尾巴”前高后低，形成一个缓坡。专家们考证，大石墓的建造者们正是利用这个办法慢慢地将巨石拖上墓顶，筑成墓室。

为了配合我们的考察活动，凉山州博物馆决定再现这种运送巨石的过程。专家们选了当年建造大石墓时留下的坡道作为实验现场，工具是绳索和滚木。

唐亮：我们18个人用3个小时，把这块近3吨的石头移动不到半米。可以想见，早期安宁河流域的邛人要建造一座墓，所花费的人力物力比这要大得多。

看来，要解开大石墓建造之谜还需要更多的努力，那么，邛人当年为什么要花费如此大的力量来建造自己灵魂的居所呢？

唐亮：这与原始人的原始崇拜有关，大石墓本身就是大石崇拜的产物。从考古学和人类学来看，都是我们亟待研究和揭开的谜。

中国辽宁东部的大石棚、内蒙古的石堆、新疆的草原石人，以及我们在安宁河流域见到的大石墓，这些巨石文化正好处在半月形的边地文化分布带上，这种规律性的分布路线恰好也是一条古老的民族迁徙的路线。这条路线的一端连着中国北方的草原游牧文化，而另一端，指向更为遥远的西南地带。

从汉代以后的历史记载中，再也找不到关于邛人的记述。建造了大石基的邛人如同一夜之间突然消失了，给后人留下许多猜想。

唐亮：当时邛人的南边是滇，非常强大；东边是蜀，很弱小。由于安宁河流域处于云南与四川的交界地带，具有重要的战略位置。在2 000多年前的西汉时代，中原汉王朝的政治势力控制了安宁河流域，专家们据此推测，邛人部落是在历史的发展中，与西南地区的民族发生了战争，才被历史遗忘了。

随着邛人部落的消亡，一条通向西南的道路却在安宁河流域兴盛了。这就是汉王朝为了打通西南地区开辟的南方丝绸之路。

在凉山州南部的金沙江北岸，有一座会理古城，它始建于西汉元鼎六年，至今已有2 117年的历史。会理古城见证了安宁河流域古丝路的兴盛，直到今天，这里依然是南来北往的重要驿站。

会理古城作为交通枢纽，处在沟通四川与云南的交通要道上，西汉王朝把政治权力机构延伸到这里。而邛人，也许就从那个时候开始，慢慢忘记了属于自己的古老习俗，不再花费巨大的

>>双耳陶罐

人力物力建造承载古老信仰的大石墓。

凉山州有一个美丽的湖泊，它的名字叫邛海。人们猜想这个名字或许就是为了纪念2 000年前生活在这里的邛人。

叁

古滇寻踪

“重走南丝路”考察队从三星堆博物馆出发，穿过四川南部的重重山脉，离别邛海向南进发，渡过金沙江进入云南。云南位于我国西南边陲，南方丝绸之路从这里穿过。司马迁的《史记·西南夷列传》说2 000多年前西南的滇池畔，有一个名为“古滇国”的神秘国度。古滇人发髻高耸，农耕为主。这究竟是一个什么样的人群，他们过着怎样的生活？

考察队来到昆明市西南的滇池边。这里海拔1 886米，南北长40千米，东西平均宽8 000米，面积340平方千米，汉代就有“五百里滇池”之称。

我们进入滇池畔一个普通的村庄，在当地人土房子的墙上，发现混有碎贝壳。原来是村民建房子从古遗址取土时，把这些碎贝壳带过来了。这个村子后面5米左右就是石寨山遗址。

土中的贝壳是古人捕食螺蛳，吃了螺蛳后扔掉的螺蛳壳。他们丢掉螺蛳壳时，也把一些生活用具、生产工具，包括石斧、陶器就地扔在一起，形成大面积的层层堆积，考古学上把它叫做贝丘遗址。

>>墙土中混着古螺蛳壳

通过古代遗迹的探访，我们获知，原先生活在这里的人过着农耕兼渔猎的生活。他们是否就是历史上记载的古滇国人呢？

20世纪50年代，在滇池东岸这个叫石寨山的村庄附近，考古学家发现了巨大的墓葬群。1956年11月1日，一枚金质印章出现在考古学家面前，金印的背上盘绕着一条小蛇，正面“滇王之印”四个典型的汉篆清晰可见。

这使人们想起了司马迁的另一段记载：汉武帝元封二年，滇王尝羌向汉王朝投降，汉武帝赐给滇王一封王印，滇人从此成为汉王朝的子民。

滇王金印确定了石寨山就是2 000年前的古滇国旧地，这座小山正是古滇国的王族墓地。自此，古滇国，一个沉寂了2 000多年的青铜王国浮现出来。

通过考古发掘，人们终于发现了西南地区三星堆青铜王国消亡之后，又一个令人惊异的青铜王国。

>>滇王之印

>>尊楗阁摩崖石刻

这里出土的青铜器不仅有大量的生产生活工具，还有兵器、乐器和难以计数的青铜装饰品。古滇国人似乎乐于并且善于用青铜来制造一切，他们也许是那个青铜时代最高明的铜匠和艺术大师。

一件用于祭祀时摆放牛羊的器具上，一只大牛昂首挺立，它的身后是一只紧紧咬住尾巴的猛虎，大牛的肚子下面，还有一头安然无恙的小牛。这个牛虎搏斗的场景如此生动，仔细分析发现，铜案以牛的四脚为支撑，椭圆形的牛背是案面，咬紧牛尾的老虎恰好可以保证铜案两端的平衡。最巧妙的是牛腹下的小牛，原来还可以增加铜案的稳定。如此巧妙的设计，达到了力学与美学的高度统一。

古滇人除了用青铜表现自然场景，他们更多的是用它来刻画人类的生活：劳作、战争、狩猎、舞蹈、建筑等，各种社会生活的场景应有尽有。

在一个直径只有30厘米的奇怪容器上，铸有52个人，人群中央立着一根双蛇盘绕的柱子。柱子的一侧是几个梳着发髻的仆人抬着高高在上的贵妇，柱子的另一侧则绑缚着一个裸体的男子，他的旁边有一个人正在跪拜祈祷，整个场面显得十分神秘诡异。专家们推测，整个雕塑表现的是一次祭祀活动。

而另一件青铜容器细腻生动地将战争的惨烈场面表现得淋漓尽致。正中一名骑马疾驰的主将，戴盔披甲，左手拉着缰绳，右手执矛刺向下方。马前方一人倒地，看上去像是被骑马的主将刺杀了。主将的右侧还有人骑马前冲，马脚下踩踏着一个单手撑地的敌人。此外，这个贮备器盖上还散落着一些手持长矛的人、开弓射箭的人、跪地求饶的人、裸体无头的人和双手被绳子束缚的人。

面对这些表现大规模生活场景，具有强烈写实风格的青铜群雕，人们很容易产生一

>>古贝币

个疑问，他们为什么要用昂贵的青铜器来如此细腻地表现真实的生活内容呢？

马文斗（云南省博物馆馆长）：群雕在其他地方很少，我们认为：第一，云南是铜的产地；第二，古代很多地方没有文字，到新中国成立前还有一些地方在结绳记事、刻木记事。当形成一个国家，靠结绳子、刻木头已经无法完整记述历史场景的时候，肯定会有这种需求。比如某个部族打个胜仗，或者纪念这个胜仗，留给后代，可以向其他部族炫耀。

在古滇国出土的青铜器中，还有大量的青铜农具。很多石方的出土进一步证明，云南就是这些青铜农具的原产地。

在中同古代历史上，青铜一直是珍贵的材料，无论中原的商文明，还是成都平原的古蜀文明，青铜原料都属于奢侈品，只有王族的大型祭祀用品和战争用的兵器才可以使用青铜原料。但是，云南的古滇国却把大量的青铜用来铸造日常生产用的农具。专家们推测，这是因为云南是青铜原料的产地，有着丰富的铜矿产。

在三星堆，人们曾经发现大量青铜器，贵重的青铜器总重量达到一吨多。这些青铜原料究竟来自何方？与它同时期黄河流域的先民把大量的财富用于铸造青铜尊和青铜鼎。这些数量惊人的青铜原料的来源同样是一个巨大的谜团。

通过对古滇国青铜王国的探究，学者们对青铜原料的来源产生了大胆的推测。

肖明光（云南省文物考古研究院研究员）：我们做过铜的成分分析，发现铜里面有一种稀有元素叫做低位铅。测了以后发现，商代的妇好墓里也有云南的铜，所以断定有一部分铜运到四川去了。

比起黄河流域的商王朝来，长江流域的三星堆王国在地理上距云南要近得多，既然能将云南的青铜原料运到几千里外的商都，当然更能运到成都平原的三星堆王国。

如果三星堆的青铜原料来自云南，如果

>>灵关故道

在这两个区域之间存在着贸易往来，那么我们能否找到这种交易存在的证据呢？

这个表面雕刻着群像的青铜器看起来外形奇特，完全不同于以往见过的鼎、爵、尊等中原青铜器，而是类似于鼓的形状。它的用途就是专门存放贝壳。在古滇国，人们发现了数量惊人的贝壳，专家猜测，这种贝壳是古滇国人用于交易的贝币。

>>虎背牛扣饰

马文斗：这些贝壳是从印度洋过来的，通过很多次交换才到了这个地方，它有一定的数量。当时滇国主要是以物易物，使用贝币的主要是贵族。使用时间很长，一直到明代。海贝还表明拥有者的身份地位，有信誉者才能使用。

>>二豹噬猪扣饰

有趣的是，在三星堆遗址，人们也发现了大量来自印度洋海域所特有的虎斑贝壳，这一发现让专家们大为震惊，难道3 000年前，在成都平原与西方的印度洋流域之间就存在着一条通道？面对着古滇国出土的大量贝币，人们终于有了一个大胆的推测。

海贝作为交易的货币，是贸易的最好证据。也许，早在三星堆时代，云南地区就已经是印度洋海贝进入古蜀国的中转站。这证明在南方丝路打通之前，民间的贸易通道已经存在，重要的战略资源和财富经过古老的通道进入古蜀国。这其中一定也包括那个时代最重要的资源——青铜。

两个古老的青铜王国，可能拥有共同的青铜来源。还有一个问题在困扰着人们：古滇国出现的年代晚于三星堆，为什么在三星堆消失之后，在中国的西南部出现了又一个高度发达的青铜文明呢？古滇国和三星堆，这两个青铜王国之间到底有什么关系？

古滇国人高超的青铜雕像工艺很容易使人们联想到三星堆。

在中国的青铜时代，在云南青铜器发现之前，唯一拥有青铜雕像制作技艺的是成都平原的三星堆王国。

与中原地区的大型祭祀礼器比较，古滇国的青铜器造型与同处西南地区的三星堆显然具有更多的相似性，他们都把人物形象作为铸造的主体。

记者：中国境内的圆雕最早出于三星堆，古滇国也有圆雕，这两者在手法上有联系吗？

马文斗：云南铜雕人物的眼角、发式、头发等，与三星堆，两方可能有些相似。

青铜雕刻技艺让我们把时间相隔几百年，空间相距几百千米的两个青铜文明联系在一起。也许，3 000年前三星堆作为西南文明高地存在时，云南曾经作为青铜原料的产地，把大量铜矿石源源不断输送到成都平原的三星堆王国。三星堆的工匠运用高超的铸造技艺，把这些青铜原料变成庞大的青铜雕像，供人们顶礼膜拜。

当三星堆王国消失几百年之后，农业文明的发达让古滇国在滇池湖畔崛起，古滇人把三星堆青铜铸造工艺和雕刻技艺发展到了一个更高的境界。此时，神灵不再是人们生活的中心，世俗的生活才是古滇人关心的主题。

如果说三星堆王国是一个众神的国度，那么古滇国就是一个人间的乐园。

但是，这两个在西南地区出现的青铜王国却有着相同的命运。

根据司马迁记载，公元前109年，为了打通西南丝绸之路，汉朝军队大举南下，滇王举国投降。由于汉武帝认为滇王从一开始态度就比较好，所以免去死罪，同时赐滇王王印。

从那时起，古滇国成为中央王朝的附属。此后，有关滇人和滇国的记载慢慢消失在岁月里。

在一代代帝王的苦心经营下，中原王朝大一统的政治蓝图终于实现了。无论古滇国还是古蜀国，最终汇入中华民族融合的海洋。但是，这些重见天日的文物最终证明，处于西南的古蜀国和古滇国，因为地理上的畅通，曾经存在着频繁的交流，他们前后相继，在古老的南方丝绸之路上，创造了中国青铜文明的又一个高峰。

肆

彩云之南

在滇西高原与横断山脉相交的地方，有一个叫祥云的县城，西南丝路的东线五尺道与西线灵关道就在这里交汇。

离开云南的省会昆明之后，考察队驱车赶往祥云境内的云南驿。据说那里是云南之源，也是中原文化传入云南的桥头堡。

路过乡村集市时，一些马车引起了我们的注意，它们曾经是西南丝绸之路上最主要的交通工具。

在市场里，有人在叫卖木炭。他们从大山里来，赶着牲口驮着百十斤的东西翻山越岭几十里。

马是现代文明之前最快的交通工具。从汉王朝的都城长安到今天的云南境内，路途遥远，汉武帝的使者使用的交通工具只能是这种温驯的动物。他们为什么要历经艰辛，跨越重重地理障碍来到这片陌生的土地呢?

在中原王朝的历史记载中，汉武帝的动机带有浓厚的浪漫色彩。

2 100多年前的长安城,某个下午,一位中年皇帝在睡梦中露出了一丝笑容。梦境里，那出现在南方未知之地、流光溢彩的满天祥云，在大汉王朝开疆拓土、江山永固的梦想中显得是那样的美丽诱人。“梦彩云,大吉之兆”,那个被后世称为汉武帝的皇帝醒来后，便多了一桩心事，他要找到梦里彩云南现的地方。

公元前109年，汉武帝发动了一场战争，引起我们注意的是，在代表中原汉王朝的军事力量中，主力却是早已经归顺大汉王朝的巴、蜀军队。那些巴蜀军队一路南下，致使滇王投降。

一天，当来自西汉都城的设郡官吏，翻过崇山峻岭来到一片风景秀美、地势开阔的坝子时，夕阳西下，满天的彩云如同天女织就的巨幅彩锦壮美异常，“彩云南现的地方被发现！”

考察队来到距离祥云县城几千米远的地方，据说我们眼前的这个古镇，就是当年汉武帝的官员们发现彩云之南的地方。

云南驿，是云南名字的真正来历。当年汉武帝听说这里出现了五彩祥云，非常高兴，把这里定名为云南。我们脚下的这条路，就是从云南通向中原腹地的一条路。

这条路可能就是古老的南方丝绸之路，而这边还有一条路，这条路的风格完全不一样，完全由碎石铺就。这就是著名的史迪威公路，即中缅公路，抗战时物资运到中国的唯一陆路通道。而另

>>石寨山墓葬中随葬物品出土时的情况

>>剑川石钟山石窟露天崖画

一边还有一条路，是现在的320国道。在短短的50米距离之内，一共有3条路，而这3条道路贯穿了中国几千年的道路史，它们都集中在一个地方，不是没有道理。因为这里正是云南的中心。

追寻象征吉兆的彩云或许只是汉武帝实现政治野心的借口，就在王朝的使者来到祥云的13年之后，汉武帝设立了中原王朝在西南腹地最早的县治驻地，县的名字是云南县，中心就在云南驿。此后的1 500年间，云南驿一直作为古代西南丝绸之路的重要驿站。一条大大小小的石块铺就的路面上，留下千百年来马帮经过的深深浅浅的蹄窝，可以想见当年南来北往的马帮来到这里的热闹景象。这条石路名为迎马路。

迎马路两旁大小商铺、客栈鳞次栉比，生意兴隆，买卖红火，一派繁忙的景象。驿站不但带来了繁茂的物资、文化交流，也为南来北往的旅客提供了各种方便。

清晨考察队离开祥云时，彩云再次出现，似乎在印证汉武帝时代的美丽传说。在中国的行政版图上，云南驿只是一个难以寻找的小村庄，而在2 100年前，这里就是全部的云南。

离开祥云之后，考察队奔赴大理。自从并入汉代版图之后，云南开始成为沟通中原与西南的通道。大约在600年后，这里出现了一个当时世界上罕见的大型城市，这就是大理。

大约公元8世纪，在唐王朝的扶持下，洱海一带先后出现了南诏国和大理国，它们的都城是仿造中原王朝的长安建立的大理古城。城中心最显眼的建筑就是崇圣寺三塔。

有人根据崇圣寺三塔是参照西安小雁塔所建作出推断，云南地区佛教文化的传入是来自中原地区。但是又有一种观点认为，大理处在一个文明交汇的十字路口，它不仅接受了华夏文明的影响，同时也承继了异域文明的风格。

在大理白族自治州境内剑川县城西南25千米的石宝山中，有一座始凿于南诏时期，享有“西南敦煌”美誉的石窟。石窟雕刻分为两类，一类是南诏国主世俗生活。这是世界上石窟雕刻中唯一一座没有佛教形象出现的石窟。另一类是宗教题材，反映了佛教经由西南丝路传入南诏大理地区的历史。

记者：从造像上怎么能看出来是他是一个来自印度的僧人呢?

董曾旭(剑川县文管所所长)：南诏国的文字记载里，有印度僧人观音过来，变为梵僧。剑川石窟里的形象，和保存在日本《国史画卷》里面的记载一模一样。只是佛像身边有一条狗。

记者：为什么要带狗呢?

董曾旭：因为他是外来的僧人，路途很不安全，有狗陪伴他，在古道上传播佛教时会安全些。

记者：这尊石刻是宋代的，当时中原已经有佛教，怎么能证明是从印度传来的?

董曾旭：阿厝依观音只有大理才有，崇圣寺三塔成为他的道场。

在北方丝绸之路上，同样有着许多反映佛教历史的石窟，敦煌就是其中最著名的一个。佛教，就这样通过丝绸之路上的一个又一个石窟传入中国。

石钟山石窟的存在证明，在南方丝绸之路上，发生着几乎与北方同样的故事，这里行走着商旅，也行走着传播佛教的梵僧。他们从印度出发，越过西南的高山河谷，把佛教直接带到中国的西南地区。

站在石窟所在的石钟山上，河谷深处的一座古镇映入眼帘。历史上，这个小镇曾赫赫有名。据说，早在2 400年前的春秋战国时期，这里就已经成为古道上远近闻名的集市。南诏大理时期，由于附近发现盐井，集市益发兴旺。古镇中的寺登四方街至今留存着戏台、商铺、马店，见证着古镇作为千年集市的辉煌历史。

>>剑川石窟

>>剑川石窟 华严三圣

也许，正是古道旁的这个集市，催生了石钟山石窟。而石窟中凝固了千年的雕刻，反过来见证着古道沟通中西方文化交流的伟大历史。

在这条来往不绝的文明之路上，留下了深刻标记的不仅仅是那些重大事件。透过人们日常的生活细节，我们还能隐约窥见一条道路的影子。

在大理洱海旁边的一个小渔村，我们见到了一对用鱼鹰捕鱼的夫妇。老人名叫杨六斤，大理白族人，世代以豢养鱼鹰捕鱼为生。

这似曾相识的一幕让我们想起那个关于三星堆王国的传说。据说，统治三星堆的很可能是一个叫鱼凫的部族，这个部族的人擅长用鱼鹰捕鱼。直到今天，鸭子河畔还经常见到用鱼鹰捕鱼的景象。

这个传说的依据是三星堆那件著名的文物：黄金权杖。在这个象征权力的神物上，一只鸟肩负羽箭穿透的一条鱼，这个神秘的图案让人们相信，三星堆王国的统治者必定与一个靠捕鱼为生的部族有关。

生活在洱海地区的鱼鹰部族为什么与三星堆王国的统治者有着相同的生活方式呢?

在大理白族自治州博物馆，我们惊奇地见到了许多杖首。它们的下端与一根木棒相连接，成为一根拐杖。这跟三星堆的黄金权杖会不会有着相似的文化内涵呢?

谢道兴（大理白族自治州博物馆馆长）：大理出土的杖首非常多，基本属于战国到秦汉时期。现在有两种观点，一种认为是部落的图腾，一种权杖，代表权力的象征。另外一种认为受汉文化的影响，汉族到了秦汉，作为尊老的一种习俗。就是“七十授杖”，中原的寿杖首一般是斑鸠，它代表长寿。但是咱们这儿更多是其他的，我自己认为，这是结合中原汉文化的影响和本地的文化特征形成的。

在大理地区与成都平原之间，存在着一条早期的地理和文化通道。大理地区也是云南青铜文明最早的诞生地。有着太阳图腾的铜鼓出土于剑川海门口遗址，距今3 000多年，这个与三星堆同时代的青铜文明是云南青铜文化的源头。

太阳崇拜也是三星堆文明最典型的特点之一。专家们猜测一件形似车轮的器物，它象征着光芒四射的太阳，在祭祀活动当中，充当巫师的法器。

同样都把青铜器物作为太阳崇拜的载体，也许能够进一步证明，早在三星堆文化鼎盛时期，在成都平原与洱海地区之间就存在着文化的交流。

但是，历史的轮回往往让人难以预料。当汉武帝把政治的触角伸到大理境内后，这个区域日渐繁盛，到了唐宋时期，终于出现了发达的地方政权。公元9世纪30年代以后，大理地区的南诏政权和中原唐王朝的矛盾一度激化，不断发生战争。公元830年，南诏攻陷成都，掠走各行各业的工匠数十万人。

今天，在大理白族地区，有一种叫做扎染的手工艺，据说就是那场战争的胜利品之一。手工艺人作为战败者被掳到远离家乡的地方，却把文明的种子留在了陌生的土地上。随着时光的流逝，这种古老的手工艺在成都平原早已失传，但是，在洱海边上的白族村庄里，扎染手艺却代代流传，直到今天。

这段历史提醒我们，战争也许是文明传递和交流的另外一种形式。这种形式也许粗暴，也许残酷，但是，历史不会计较这些形式，最终留下的，只是文明传递的结果。

伍

大路向西

离开大理古城之后，重走南丝路考察队继续向西进发，进入保山境内。

距今2 400多年前的青铜时代，在今天怒江下游的保山一带，生活着一个称为哀牢的古老部族，他们创立了一个叫哀牢国的古老国度。古哀牢国与古印度，也就是身毒接壤。当年，张骞出使西域，在中亚看到蜀布和邛杖，汉武帝从此开始经略西南，希望打通连接成都平原和印度之间的道路，也就是"蜀身毒道"。但是在汉武帝年间，古哀牢国在西南雄踞一方，成为汉武帝打通西南丝路的最后障碍。

直到公元69年的东汉永定年间，东汉王朝打通了博南道，汉武帝苦心经营的"通蜀身毒道"才算全线开通。博南道是西南丝路最西面的一段，西南丝路西线灵关道和东线五尺道汇合以后，从大理往西，称为博南古道。

就在博南古道开通不久，哀牢人归附东汉王朝，东汉在古哀牢国设立了永昌郡。从此，现代中国的西南版图基本奠定，而那个青铜时代的古国——哀牢国，消失在人们的视野中。

>>剑川石窟 甘露观音

今天，面对他们留下的青铜器，人们感到困惑不解。这件文物是古哀牢国青铜器的代表，人们猜想，

>>当年马帮驮进来的“洋灯”

它可能是一件摆放祭祀品的铜案，这件青铜器足以证明，古哀牢国同样属于青铜时代。

在一些细小的青铜饰片上，学者有了不同寻常的发现。

王黎锐（保山市博物馆馆长）：我想给你看的就是这一组各种形式的牌饰。这是一个鱼形饰，背面有一个穿孔，是用来作挂在或别在身上的装饰物。

记者：我们一路出来，在三星堆看到很多有鱼的图纹，后来在滇文化也看到有鱼，这些跟它有联系吗？

王黎锐：鱼形的造型，从三星堆到滇池区域、洱海区域，这个纹饰反映的都是当时渔猎文化的一种特征。通过考古发现，我们认为它跟金沙江、澜沧江上游文化比较接近，那里也有类似牌饰发现。除了牌饰之外，古哀牢国的墓葬里还出土了这些青铜制作的小铃铛，巧合的是，在三星堆遗址，也有类似的青铜铃铛出土，专家分析，这些青铜小饰物正好连接起一条古老的通道。

记者：您说的这种器物分布地区，正好是我们沿着西南丝路走过的这一段地区，它跟以前的西南丝路有没有什么关联？是不是在打通西南丝路之前就可能存在着这样一个通道，使得这种器形或文化能够传播？

王黎锐：西南丝路是晚期的通道，其实学术认可以前，它早已是民间的一条交流之道。所以我们不排除这几个区域，包括成都地区、洱海区域、滇西的哀牢区域，都有文化的交流。

如果现代学者的这种推论成立，那么，至少可以证明，早在公元前4世纪左右，同处青铜时代的西亚与成都平原之间存在着一条古老的民间商贸通道，古哀牢国，就作为这种中西方文化交流的中介活跃在这条道路之上。

在东晋常璩的《华阳国志》中，有这样的记载：“渡兰津，越澜沧。”明确描述了博南古道上最有名的一段交通路线。

在保山县博物馆馆长王黎锐的带领下，我们进入博南山区，寻找这条古道存在的证据。

从古驿站水寨铺往东不到2 000米的罗阳山上，一条人工凿岩开山而成的路基顺着山势蜿蜒而下，路径曲折陡峭，500余级台阶犹如天梯。据说当年的修建者“凿石为梯，穿云得路”，因此这段路被称为“梯云路”。对于依靠马帮运送物资的古人来说，我们脚下的这段道路无疑过于险峻。

沿着古道一直向下走了半个多小时，突然，我们发现在道路的中间有一个镌刻在石头上的棋盘。

王黎锐：这是常年在这条古道上行走的马帮刻下的棋盘。因为这个棋的棋子随手可以找到，比如石子、树叶、木棍，所以在当地马帮中非常流行。

记者：这是一个永久的棋盘。

王黎锐：因为这一段古道非常陡，非常滑，人和马都很累，都需要休息。所以经常在这里歇脚，就会在这里不断地刻棋盘，越划越深。

记者：从这个棋盘上可以看出来，以前这条路上经过的商旅非常多。这条路用的时间非常长。

王黎锐：应该说当时这条道是国道了。所有来往的人员，无论是经商的、做官的、读书的，还是一般的老百姓，都要经过这条道。

在这段长达五六千米的石阶上，至今还留存着骡马攀踏的累累蹄印，最深的居然有13厘米，难怪人们一直把“梯云路”当做西南丝绸之路的咽喉地段。

从棋盘所在的路段继续向下，不久，我们眼前出现了一个叫平坡铺的小村庄。这个澜沧江边的村庄曾经是古代西南丝路上重要

>>南诏大理国石窟雕像

>>江苴古驿站

的驿站。

站在村口，澜沧江峡谷清晰可见。这里地势险要，两山对峙，悬崖峭壁，气势雄伟，峡谷之下，江流奔涌。据说，当年东汉王朝修建博南古道时，澜沧江上的这个峡谷是最大的困难。

沿着江边的小道小心翼翼地往下移步，路变得越来越难走。

记者：这是一个隧洞，上面被滑坡压住了，但以前是通的，据说这个地方叫紧三步。行人通过时都得加紧过，赶紧三步冲过去。因为在古代，这里经常有滑坡和碎石，当时人们把它建起来，就是为了防止行人被落石砸到，所以咱们得赶紧走。

踏着滚落的碎石一路向前，转过一个弯道之后，我们的眼前出现了一个古老的桥廊。

王黎锐：这个是桥的桥廊，桥廊的长度在16米左右。

记者：这儿还有字，光绪二十八年永昌府制。

王黎锐：1987年的时候由于澜沧江发大水，山体滑坡壅堵江水，就把桥冲断了。

河岸边的两个桥墩是博南古道上著名的铁索桥霁虹桥留下的遗迹。这座古桥修建于明代成化年间，全长106米，宽4米，高达20多米，由18根大铁链组成，上面覆盖着木板，桥两端筑有亭阁。铁桥飞架两岸，似霁虹卧波，故称“霁虹桥”。

在索桥遗址旁陡峭的石壁上，满满刻写着古人称颂霁虹桥的题字，“天南锁钥”、“西南第一桥”的盛誉见证着古桥在500年中渡人无数的历史。

看着脚下奔流的澜沧江水，我们真切地感受到，在没有机械设备的几百年前，古人修建那么一座庞大的铁索桥，所需要具备的胆识和技术。

记者：为什么古人和今人都选择在这个位置修桥呢？

王黎锐：首先这个地方两岸的距离是最短的，这是一个因素。另外一个因素，从地质结构讲，这个地方岩层结构更加稳固、更加结实一些，其他地方滑坡更厉害。

沿着河堤继续向前，是古代税关遗址。

记者：这以前是一个关口吧。这儿如果是一个关的话，会不会有门。

王黎锐：我们看前面这个地方比较清楚。你看这里有一个凹槽，对面对应的地方也有一个凹槽，是用来放置门的，然后守住这个门，防止晚上有行人通过。

记者：也就是说只有白天商队可以走，晚上这个门是封住的。既有保安的作用，也有收税的作用。

王黎锐：这应该是一条官道的充分证明，证明当时政府对道路的管理。

自从哀牢归附东汉王朝后，中原的统治势力越过澜沧江，设立了管理西南边地的永昌郡，从此，中原王朝控制了这条西南的商道。专家推测，税关可能是从那个时代开始设立的。

税关的历史已经足够古老，但是当地人相信，在无法建造桥梁横跨激流的时代，行走在南方丝路上的人们已经能够穿越于两岸之间。

记者：最古老的一座桥的历史能追溯到什么时候呢？

王黎锐：文献记载应该是元代的木桥，再往前没有具体时代，曾经有藤条、竹篾桥，再往前才是兰津古渡渡口。兰津古渡从先秦时候开始。

记者：也就是说这个地方会聚了2 000多年以来各种各样不同的桥。

原来，著名的霁虹桥并不是这条古道上最早的跨越天堑之路，在公元前4世纪，汉武帝的势力远没有到达这里时，兰津古渡作为民间通道早已经存在。后来，随着交往的扩大，人们在此修建了各式吊桥。著名的霁虹桥就建造在先秦时代的兰津古渡遗址之上，这足以让人相信，眼前这个古渡口在西南丝路上无可替代的地理优越性。

从已知的史料来看，古西南丝路在中国境内的最后一站是腾冲，但是在今天的腾冲境内，古道的遗迹已经无处可寻。科考队决定转道瑞丽，去寻找并感受古老南丝路的商贸余韵。

瑞丽，是近几十年中因边贸而繁荣起来的小县城。由于这里是东起上海的320国道的终点，与缅甸境内的滇缅公路和史迪威公路相连通。今天，它已经成为我国大西南通向东南亚、南亚的金大门。

在瑞丽市区的土石市场里，到处都是远道而来的缅甸商人和印度商人。

在有“小国门”之称的货运中心，许多来自缅甸的卡车司机正悠闲地晒着太阳，等待办理通关手续。

在瑞丽江边，可以清晰地眺望对面缅甸的口岸城市木姐。江边的小码头，一些当地人正和江对面的缅甸人一起忙着搬运货物。

在短短的一段旅程之后，中国的粮食和其他生活必需品可以轻松到达对岸的缅甸。

看着江水流向遥远的西方，时间和空间变得模糊起来。一条道路并不总是开始于野心的帝王实现权力梦想的隐秘通道，只要地理相通，智慧而勤劳的人总能够跨越地理的障碍，把最实惠的商品从一个地方运送到另外一个地方。也许正因为如此，2 000年前的张骞才能在遥远的中亚看见来自成都平原的蜀布和邛杖；而3 000年前的三星堆，会呈现出与西亚文明如此相似的文明特征。

在长达1个月的考察中，古西南丝路这条时断时续、时兴时衰的国际通道，隐约展现在我们面前。让我们欣慰的是，这条古老的通道正在被更多的人所认知和关注，在这条复苏的古道上，沟通的将不仅是东西方的经济文化，还有人与人之间的心灵。

地下4 000年

2009年3月的一天，内蒙古自治区考古研究所的曹建恩副所长接到了一个紧急任务。

那天，塔拉所长对他说，在二道井子有一项配合基建的工作，非常紧急，要他马上就去。

接到任务后，曹建恩马上赶赴位于内蒙古自治区赤峰市境内的二道井子工地。在那里，他看到工地中间有一座土坡，那是考古人员马上就要进行发掘的古人类居住遗址。遗址的年代距今大约有4 000多年。

壹

紧急任务：1年完成5年的工作量

曹建恩受命赶来发掘的这座遗址，在考古界被定名为夏家店下层文化遗址。

早在1935年，日本考古人滨田耕作和水野清一就曾在赤峰挖掘并发现了此类遗址。

1960年，中国考古学者刘观民和徐光冀对赤峰夏家店遗址进行发掘，并首次认为夏家店下层文化存在的时代与殷商文化相当，距今已有4 000多年的历史。

长期从事考古工作的人都知道，在赤峰地区发现最多的遗址就是夏家店下层文化遗址。可是，为什么这次单单只挖掘二道井子遗址，并且是紧急发掘呢？曹建恩的助手孙宁松说出了其中的缘由：“赤峰到朝阳之间正在修建高速公路，朝阳那边已经修好了，赤峰这边也已经开工，二道井子遗址正好位于公路中间，把整个公路给卡住了。为了不影响整个施工进度，上级要求我们必须紧急发掘。”

孙宁松这次的任务是负责在现场指挥工人们按照既定的方案实施发掘。

这就是曹建恩等考古人员当时所面临的情况。

高速公路是赤峰市2007年就已经报批的，计划2010年建成通车，但公路经过的这座小山里埋藏着考古遗址，只有通过发掘、整理后才能继续修路。

小孙：上级要求我们必须在1年的时间内把这座遗址发掘、整理完，只有这样公路才能贯通。

也就是说，曹建恩和小孙的工作就是要在遗址被掩埋前，将它的全部数据和图像采集下来。此后，这个在地下埋藏了4 000多年的古人类聚落遗址将被一条高速公路彻底覆盖。

据曹建恩介绍，原计划这次发掘工作针对一万多平方米的遗址范围，也就是说，高速公路将要通过的遗址地段都将要被挖掘开。

而整座遗址的面积是3万多平方米，考古人员首先要对高速公路占用的近1万平方米的地方进行发掘，并且必须在1年内完成。

那么，在1年时间内能否完成这项紧急任务呢？

小孙：1年内挖完是根本不可能的。

曹建恩并不否认助手的说法，他解释说："这座遗址特别复杂，因为它堆积得特别的深厚，整个二道井子的地层堆积有8~10米。"

8~10米的堆积层，1年的发掘时间，难道真的是一项不能完成的任务？

对于这个问题，曹建恩最有发言权。他说："当年挖掘宁城三座殿的时候，几乎考古研究所全所的人都去了，干了二年，才挖掘了三四千平方米。"

可这一次，考古所却只能派出6个人。

>>夏家店下层文化遗址

孙宁松：就算人数翻5番，再给5年时间也不一定能干完。

曹建恩：这里各种叠压打破关系特别多，也特别复杂，并且没有统一的文化层，很难控制。以前我们也多次挖掘这类遗址，所以心里很清楚，这类遗址的确很难挖得特别清楚，大家一直都对这种发掘比较打怵。

但是这项任务又必须要在规定时间内保质保量完成。

贰

迫不得已：精彩只能用照片记录

为了能在1年内完成这次发掘工作，曹建恩指示助手小孙采取了一个非常特殊的办法：就是挖掘完一层房子就打掉一层房子，再挖一层再打一层，挖掘过的不再保留。

这种方法是考古原则允许的，但不到万不得已很少使用。这一次，为了抢工程、抢工期，曹建恩不得已采用了这个方法。

接到命令后，孙宁松立刻在中心区布置坍方。很快，这些4 000多年前古人建造的房屋、院落就暴露了出来。

1个多月后，8个坍方被发掘清理了出来。这时候曹建恩发现，这座遗址不同于以往他见过的其他夏家店下层文化遗址。

他发现，在同一个位置上，层层房子向上叠压，普遍叠压达到3层以上，最多的竟然叠压到了7层。

孙宁松说：如果不打掉上面的房子，下层的房子就不能挖，这样一来整个工程的进度就没有办法保证。

尽管大家都意识到这个遗址不同一般，但却不得不打掉4 000年前古人辛辛苦苦建造的房子，不得不毁掉人们一点点发掘出来的考古成果。

现在，在遗址上人们只能看到最底层的房子了，因为为了保证挖掘进度，上面的已经全部被打掉了。

孙宁松：当时现场有一座编号为F6的房子，也就是我们挖掘的第六所房子，保存高度为1.6~1.7米。房子的外围有回廊，回廊与回廊之间还有隔断，将回廊隔成一段一段的。让我们惊喜的是，每一处隔断之间都有一个小方框，人可以在这里来回进出，我们认为它是饲养动物用的。

曹建恩也对这个F6印象深刻，他说："这座房屋保存得非常完好，出乎我的意料。"

然而，如此精彩的F6却没能逃脱被毁掉的命运。而今，它留给人们的就只有照片了。

孙宁松：我们头一天开始挖掘，第二天这座房子就没了，那时候大家都有一种很痛心的感觉。我记得挖掘到最后，很多参加发掘的学生都不愿意把它打掉。

>>夏家店下层文化出土的三足大鬲

因为，这毕竟是4 000年前古人居住的遗址，更何况它们如此精彩，更何况它们今后能为研究这个时期的古人生存状况和许多未解之谜提供线索。

继续挖掘，到了5月中旬的时候，又发掘出另一座房子，考古队将它标注为F8。

F8可以说是古人的一个经典作品。在以往发掘的此类遗址中，还没有出土过这么完整的房子。

>>夏家店下层文化出土的鼓腹鬲

孙宁松：这房子特别高，也特别宽，它伫立在遗址中，很有一种鹤立鸡群的感觉，让人看了以后很兴奋，感觉很壮阔，在整座遗址的任何角落都可以看见F8。

从F8高高矗立在地表的现象看，似乎它的命运将不同于先前的F6。那么，F8能否完整地保存下来呢?

在施工计划里，答案同样是残酷的。在孙宁松完成绘图、照相和记录后，雄伟壮阔的F8将被无情地打掉一半。

一个多月来，小孙的工作就是这样重复着：发掘、绘图、照相，然后打掉房子。

孙松宁：F6那么完整的一座房子被我们打掉了，F8也打掉了，我们都很痛心。尽管我们都知道这座房子的特殊性，但是在没有得到领队更改发掘方案的通知之前，我们必须要按照他对整个工地的工作安排。

谁也没想到，事情就在这时候发生了转机。

叁

峰回路转：F8得以“起死回生”

按照计划，当天下午就已经把第二天要去打掉F8的民工和学生都安排好了。可是谁也没有想到，已经执行了将近2个月的方案会在不到一天的时间里，发生重大改变。

在孙宁松发掘编号为F8的房子这段时间里，曹建恩并没有在赤峰的工地上。可是，就在F8即将被打掉的这天，曹建恩却赶了回来。他说：“那天正好单位要开会，所以我在下午7点钟左右，驱车900千米赶到了工地上。”

他到的时候，正好是夕阳西下，当他踏上工地的第一眼，就看到了F8这座房子。他立刻被F8的雄伟震撼了。于是，他绕着工地转了一圈，将F8从各个角度仔细观察了一遍，然后问助手：“这座房子很特别，你们有什么安排？什么时候打？”

小孙：明天就打，已经安排好了。

曹建恩的表情瞬间凝重，后来他说，当他看到F8的时候，就感觉它的价值非同小可。他说：“这座房子不能打。你看这座房子特别奇怪，不光面积很大，保存得也非常好。”曹建恩当机立断，安排工作人员扩方把F8先保留下来。

>>夏家店下层文化遗址

回到考古所，他立即向领导汇报了这一情况，并说：“以前从来没有发现过保存得这么好的房屋，并且F8的形状非常特殊，所以应该把它保存起来，把它的情况都搞清楚。”

就这样，原计划在第二天将被打掉一半的F8幸运地保留了下来，并且在第二天上午考古人员就给F8开了另外一个十乘十坍方，大约是10米宽，15米长。孙宁松笑称：“因为要把F8整个宽进去，这是专门为它服务的。”

随后，曹建恩又指派了专门的人员前去清扫F8，大约用了3~4天的时间，终于把F8整体全部揭露出来了。

可是，既要完成工期又要保护F8，这能做到吗？

尽管工期很紧张，人们为了清理F8这座房子，还是多花了几天时间。

曹建恩：以前保存下来的房屋楼层都非常低，而F8则保存非常高，这是它的一个独特之处。另外，F8的所有细节在这个遗址里都能体现出来，都能发掘出来。其他的房屋就不一样了，很多房屋都被别的这个遗迹破坏了，只有F8保存得非常完整。所以从这个角度来说，我认为应该对F8采取相应的保护措施。

面对如此壮观的F8，联想到F6的命运，曹建恩将心里酝酿了一夜的想法告诉了小孙：“咱们要更改发掘方案，不能再这么打下去了。”小孙听到这个消息后激动地说了三个字：“太好了！”

但是，另外一个问题又接踵而至。如果不按原计划挖掘一座打掉一座，就只能按照常规的考古方式来工作，势必就会拖延工期。而这样的更改能不能被赤峰市接受，可就是个大问题了。

小孙：曹所长一直希望自己能为赤峰做出贡献，可是眼下这座遗址阻碍了赤峰的经济发展。

不得不提的是，曹建恩的老家就在赤峰。作为赤峰人，他当然知道这其中的利害关系。他说：“如果我能

>>夏家店文化独有的直筒鬲

>>夏家店下层文化出土的鼓腹鬲

>>赤峰二道井子遗址出土的文物

如期完成这项工作，就算是给家乡做点贡献，因为毕竟现在是经济建设为主。能把这座遗址尽快完成，公路也就能尽快建设；如果遗址挖掘不能如期完工，很可能就要影响经济建设。”

要怎样才能做到两全其美呢?

小孙：其实那时我心里明白，曹所长当初做出这个决定，实际上他也是在赌。因为考古是一种发掘，其结果不可逆转，每一次尝试实际上是一种赌博。

这一天，曹建恩想了很多。将F8毁了他当然不忍心，毕竟他是考古工作者，保护遗址是每一位考古工作者的责任；而如果不毁，必然会延误工期。

经过反复思考，曹建恩最终还是下了决心。

他找到助手小孙，对他说：“你把现在的发掘区先停一停，然后在这里安排扩方。”扩方以后，考古队开始揭露F8遗迹现象，很完整的遗迹现象慢慢地被揭露出来。

与此同时，工地上的发掘进度立刻慢了下来，每个人都在为老曹担心。

小孙：按照新的发掘计划，实际上耽误的不是1天、2天时间，甚至都不是1个月、2个月的时间，弄得不好可能会扩充到1年甚至2年。那时候我们都能感觉到，曹所长心理压力特别大，所以有时候情绪也不太好。

>>二道井子遗址

曹建恩有着多年的考古经历，也曾多次负责发掘夏家店下层文化遗址。此时此刻，只有他最清楚，应该做什么？不该做什么?

小孙：曹所长的做法，是对遗迹和遗物，甚至是对中国古代文化的尊重。作为一名考古工作者，不能不负责任地随便去挖掘。否则，我认为这个人就不适合从事考古工作。

承受着巨大压力的曹建恩，没有更改自己的新方案。曹建恩在等待，等待着一个合适的机会。

赤峰市二道井子夏家店下层文化的考古现场，在进入6月份后，施工进度就明显慢了下来。先前那种挖出一座房子就打掉一座房子的做法再也看不到了。

按照曹所长的新要求，必须完整地揭露

遗迹现象，同时还要严格控制发掘质量。

改变发掘方式后，工地上渐渐呈现出了这座遗址的面貌。

曹建恩：发现F8的时候，发掘进行了七八百平方米，为了加快进度，我们扩大了挖掘面积。等发掘到4 000平方米的时候，各种遗迹现象就都显露出来了。

显露的遗址呈现出它宏大的气势，一种震撼的感觉慢慢浮现在现场所有人的眼前。

可是，遗址暴露得越多，曹建恩就越发不安。因为上级要求他在年底完成发掘，可按照目前的进度，显然是无法达到了。

此时发掘工期已经过半，可挖掘面积却远远没有过半。高速公路在等待，所有的人也都在等待着曹建恩拿出解决的办法。

谁也猜不透曹建恩的心里是如何打算的。就连助手小孙也不敢多问，只能把精力都集中在挖掘整理上。

面对这些保存完好的房屋，并且是成排的古代房屋，曹建恩心里很清楚，这在世界考古史上都是非常罕见的。那时候，他心里所想的，不是应不应该保护，而是如何将它保护下来。

曹建恩此时所说的“保护”，已经不是单座房子地保护了，而是把整座遗址保护下来。这些时候，他在工地上思考的就是这件事情。

与此同时，这座遗址也开始受到行内的关注。社科院考古研究所、吉林大学的考古专家们都认为，这里是东亚地区最好的废墟遗址。

考虑再三之后，曹建恩决定向有关部门汇报这件事情的重要性。

的确，是该向领导汇报的时候了。此时已是2009年的8月底，离内蒙古地区的封冻期只有不到2个月的时间。

肆

穿越之路：4 000 年遗址终获重生

曹建恩首先回单位找到塔拉所长。听完他的汇报后，塔拉所长认为这座遗址非常重要，于是两人决定去自治区文化厅，向自治区文化厅做汇报，然后再向国家文物局汇报情况。

听了他们的汇报，自治区领导安厅长和文物处处长王大方也意识到这座遗址的重要性，他们也主张两位所长立刻向国家文物局做汇报。

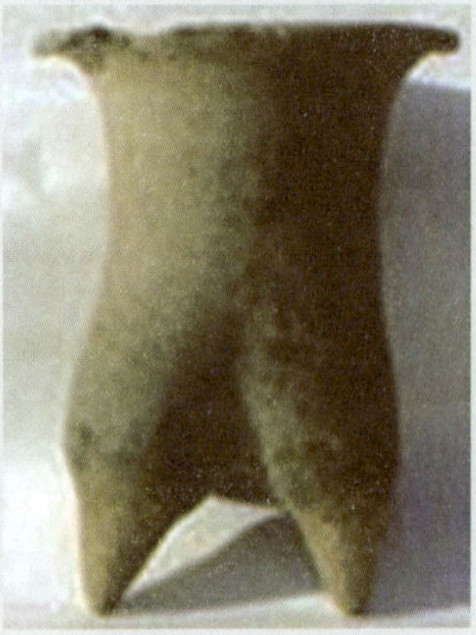

>>赤峰二道井子遗址出土的文物

曹建恩：我们于8月7日到达北京，第二天就去国家文物局做了汇报。国家文物局的领导听到这一情况后，立即表态要听我们当面汇报。

尽管国家文物局副局长童明康先生非常忙，但还是抽出了半个小时来听取了两位所长的汇报。为了更好地向各位领导介绍二道井子遗址的情况，他们特意制作了PPT，最后，整个汇报延续了一个半小时。

二道井子遗址改变施工方法后，曹建恩在工地上呆了一个多月。这段时间里尽管备受折磨，但工地上呈现出的遗址现象也为他的汇报提供了大量有利的证据。他递交给国家文物局的是一份内容详尽的考古报告。

从考古所到地方领导、再到国家主管部门的这三级汇报，是在不到10天的时间里完成的。一时间，几乎所有的人都被二道井子夏家店下层文化遗址吸引了。

>>赤峰二道井子遗址出土的文物

在等待国家文物局的决定之前，曹建恩的心情十分矛盾。一方面，如果国家文物局特别重视这件事情，那么影响到经济建设怎么办？高速公路怎么办？另一方面，如果国家文物局认为这座遗址不重要，那么遗址就会被完全毁掉。

此时此刻,他所能做的只有等待。因为曹建恩知道，二道井子遗址的命运只能取决于他向国家文物局递交的报告。

很快，国家文物局的领导们就明确地表示了态度：马上派人到遗址现场考察。

这仅仅是一个开始，它预示着二道井子遗址被国家文物主管部门重视了。所有人都在期待着，这座遗址的命运就此改变。

不到一周，由国家文物局专门组织的专家就紧急赶到了考古工地。

北京的专家来到现场后，立刻召开了两个会议，一个是考古发掘的研讨会，另一个是有关遗址保护的研讨会。

研讨会上，专家们一致认定，这座遗址非常罕见，并且保存十分完好，近几十年来，在全国范围内还没有发现保存这么好的遗址。所以与会专家很快便达成一致意见，要尽力保护好这座遗址。

不过，尽管专家们的意见让曹建恩平添了几分信心，但他知道，他还要面对赤峰市的一班领导。他说："那天，赤峰市市长、交通局局长、文化局局长，以及国家文物局的专家领导们连夜开了会。"这次会议将决定赤峰市二道井子夏家店下层文化遗址的命运。

在会上，王市长的态度非常明确。他说，在开会之前他就到过工地，了解工地的情况。王市长当场表态："这座遗址非常重要，我们要保护这座遗址，我们赤峰人宁可坐着驴车去朝阳，也不能把这座遗址挖掉。"

市长的态度让曹建恩如释重负。可接下来还有一件当务之急的事情，那就是高速公路怎么办？

当初曹建恩接手这个考古工地，就是为高速公路服务的。如今遗址要被保护，高速公路的建设势必受到影响。

交通局局长在会上将公路建设的情况向与会专家介绍了一番，也表示，他想尽快完成这个建设工程。

这时候，考古专家们提出了自己的看法："保护遗址是功在当代，利在千秋的事，它的重要意义要远远大于一条高速公路。虽然现在看起来公路有损失，但是从长远来看，

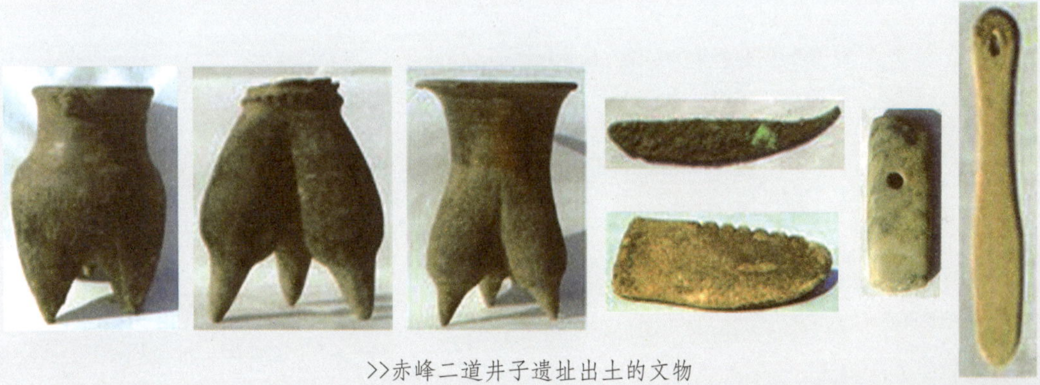

>>赤峰二道井子遗址出土的文物

这是件好事。”

听了专家们的意见，赤峰市交通局决定修改公路方案。

曹建恩：1个月后，交通局拿出了两套方案，一个是绕道方案，另一个是穿越方案。

将两套方案相比较，从遗址下方穿越的方案投入的成本会低一些，所以赤峰市方面比较倾向这个方案。

听到这个消息的时候，曹建恩又开始担心起来：“从目前来看，穿越方案对遗址暂时没有什么影响，但从长期来看，影响却是存在的。”

曹建恩的担心是有道理的。但现在，他必须做的工作是先将遗址保护起来。

国家文物局的第一批专家走了后，另一批专家又来到了工地。

这一次，中国文化遗产研究院来了7位专家，经过专家们的论证后，指派专业人员设计出了一个保护的新方案。

专家们为遗址保护提出的第一步措施，就是建设一个临时性的防护大篷。

曹建恩：这个大棚可以为遗址提供一个防风、防雨、恒温、稳定的环境，它的使用年限为3~5年。

就这样，埋藏在地下4 000多年的文化遗址，终于摆脱了被毁掉的命运。人们还将计划在遗址上建立永久性博物馆，为考古人员提供完整的实物，并向今天的人们展示古人的杰作。

不仅如此，经过1年的发掘后，国家文物局还为此开设了一个专题，专门研究夏家店下层文化，而这项工作将持续3~5年。

为了保全赤峰市二道井子的夏家店下层文化遗址，曹建恩曾经付出很多努力，也获得了初步的成效，但他的工作却远没有结束。一座4 000多年前的古人类聚落遗址，仍需要他继续努力，付出更多的辛苦。

追寻远逝的民族

这是1 000年前的远古民族，他们创造了中国历史上辉煌的辽代。在中国历史上，这个民族出了许多英雄：耶律阿保机、萧太后、耶律楚材……然而在700多年前，这个伟大的民族以及它所创造的文明却从中国历史上神秘失踪了……直到1926年在一个废弃的古墓道里发现契丹文字，这个民族才重新回到人们的记忆中。

中央电视台一套《发现之旅》栏目历时整整1年，从东北到云南，辗转大半个中国，寻找契丹人可能留下的点点痕迹。将镜头从寒气森森的古墓道追寻到传说中与契丹有某种关系的人群。从零星的历史记载到珍贵的民间家谱；从破译契丹文字、解读契丹传说，到再现他们的生活，由此逐步揭开契丹古民族迷踪千年的神秘面纱，也展现出一个远古民族曾经的辉煌。

为了弄清古契丹人的习俗，记者在云南将镜头第一时间直接对准正在挖掘的考古现场：沉睡地下700多年的墓葬，幽森森的火葬罐，碎尸骨上奇怪的文字符号，还有几枚古怪的贝壳陪葬，这是不是几百年前一个战死沙场的契丹士兵留下的？

为了寻找古契丹人可能存在的后裔，栏目组专访国内权威专家，再现最先进的科学手段，提取古契丹人尸骨的DNA，将之与现代不同民族人群的DNA进行比较，接通古契丹人与现代人的血脉连带……

壹

发现古墓“天书”

1922年6月21日，正是中国农历的夏至日，也是地球北半球在一年中享受阳光最多的一天，它似乎注定了不是一个普通的日子。

西夏（1032~1227）： 唐末、五代时，党项族兴起于西北，建立了李氏政权。元昊即位后，公开称帝，建立西夏国，再度与宋发生战争。1044年，西夏与北宋签订“庆历合议”，表面取消帝号，与宋、金时战时和，最终被蒙古灭亡。期间为西北地区经济作出了贡献，其农业、牧业比较发达；在吸收汉族先进文化的基础上，西夏创造了具有民族特色的文明。

>>契汉字并存的《郎君行记》拓本

这一天，在中国内蒙古巴林右旗，一位名叫克尔文（Kervgn）的比利时传教士钻进一座已经被盗掘一空的古墓中。

空空荡荡的墓穴中似乎只剩下几枚古代铜钱，就在克尔文大失所望的时候，一块石碑从浮土中显现出来，碑上刻满了奇怪的类似文字的符号，从笔画和形状上看有点像汉字，却又明显不是汉字。当时，没有人能识别这犹如天书的符号。但那位传教士却认为是神明引导他发现了一件上苍留给世人的谶语，在它背后一定隐藏着某种奇异的故事。半年后，这些符号在《北京天主教刊》上向世人公布，继而又在一家法文杂志《通报》上发表，一时间众说纷纭、莫衷一是。这“天书”到底来自何方，它们又给世界带来什么样的信息呢？

对于这些奇怪的符号，虽然没有人能够破解，但学术界一致认定它们并非“天书”，而是中国古代某个北方民族参照汉字创造的文字。据考证，出土那些文字的古墓是一座900多年前的契丹人墓葬，那么，那些符号会不会是契丹文字呢？根据史书记载，契丹人建立辽国后确实曾经创造契丹文字，然而，契丹文字早在700年前就失传了，后人甚至见都没有见过。那么，那些文字会不会是其他古代民族的文字呢？在当时已知的文字中，它们显然既不是蒙古族文字也不是满族文字，从结构上看，倒是更像西夏文和女真文。这两种文字都是参照汉字创造的。但是，当时女真文还没有诞生，西夏文也不太可能跑到契丹人的墓葬中。而且经过仔细对照，它们还是有很大差异，绝不是同一种文字。这种逐一比对的排除法终于把人们的视线集中到1 000多年前那个神奇的民族——契丹身上。专家们断言那些文字无疑就是早已被岁月掩埋的契丹文字。结论一出，人们兴奋异常，也充满期待，这期待与其说是对文字，不如说是对文字后面隐藏的故事。一个消失的王朝、一段沉睡的历史会不会由此显现出来呢？契丹，像他们的文字那样神秘而遥远。

契丹是一个非常强大的民族，马可·波罗在他的游记里第一次向西方介绍东方时，

魏书： 二十五史之一。《魏书》的作者是北宋史学家魏收。他在531年担负皇家的“修国史”的工作，只用了3年多的时间，撰成《魏书》130篇：帝纪14篇，列传96篇，志20篇。魏收自认为是“勒成一代大典”的盛事。

就以契丹来命名中国，时至今日，俄语仍然称中国为“契丹”。

在中国，了解契丹的人虽然不多，但《杨家将》的历史故事却几乎家喻户晓，讲的就是1 000年前宋代军队在杨家将率领下和契丹军队征战沙场的故事。如果那个令杨家将先后阵亡的契丹军队果真那样强大，他们建立起来的王朝又该是何等规模呢？

贰

史书中记载的强大契丹

查阅史料，居然早在1 400多年前，契丹作为中国一个北方民族就已经出现在《魏书》中。他们兵强马壮，骁勇善战。到了1 000多年前的唐代末年，一位名叫耶律阿保机的部落首领统一了契丹各部，并于公元916年建立了契丹国，也就是后来的辽王朝。随后，辽代和宋代在中国形成南北对峙的局面。宋代虽然经济强盛，一心要收复北方失地，但面对纵横驰骋的契丹铁骑，也只好签订城下之盟。

在一本历史地图集中，可以看到辽代在最强盛时期，曾经雄霸中国半壁江山，成为东亚军事强国，它的疆域北到外兴安岭、贝加尔湖一线，东临库页岛，西跨阿尔泰山，南抵河北、山西北部，可谓气壮山河。

契丹王朝在中国北部持续存在了200多年，在此期间，中国中原地区通往西方的丝绸之路被阻断，以至于亚欧大陆中西部国家误以为整个中国都在契丹的统治之下。于是，契丹成了全中国的代称。在斯拉夫语国家中，这种称呼一直沿用至今。事实上，即使在中国，人们对契丹的了解也受到一些局限。虽然辽代统治长达200多年，但在历代官方修订的史书中，《辽史》却是最薄的一本，各方面的介绍都不够详尽，以至于不少人心目中的契丹不过是一种传说中尚武精神的体现。他们随风而来，又追风而去，如同过眼烟云一般在天边的地平线上消失得无影无踪。难道这就是大名鼎鼎的契丹吗？

直到内蒙古巴林右旗出土契丹文字以后，一个远逝的王朝才重新显现出更丰富的内容。随后，在当年辽代的疆域内，又陆续出土了更多的契丹文字和文物，文字是文明的载体，通过对文字的破解，人们或许能更多地了解契丹。然而，在相当长一段时间内，人们所能识别的契丹文字仍然屈指可数。

刘凤翥是契丹文字专家，他对契丹文化的研究已经持续了大半生时间，在破解古老

丝绸之路： 中国古代运输丝绸的交通要道。19世纪，德国地质学家首次将其称为“丝绸之路”。早在公元前已分为海陆两路。就陆路而言，有西汉张骞开通西域的官方通道“西北绿丝绸之路”；海路则又称“海上丝绸之路”。

的契丹文字方面更是造诣深厚。作为中国社会科学院民族研究所的研究员，刘凤翥收藏着几乎所有出土契丹文字的拓片。通过多年潜心研究，他已经成为全世界认识契丹文字最多的专家。那么，面对契丹王朝那扇神秘的大门，他是否找到打开门锁的钥匙了呢？

从所发现的契丹文字来看，有两个特点，其一，不仅解读契丹字还有许多困难，从已经破解的文字中也很难找到足以反映契丹全貌的描写，因为几乎所有的契丹文字都是在碑刻上发现的；其二，到目前为止，人们还没有发现任何用契丹文字编写的书籍。由此有人推断契丹文字并不成熟，还不足以记载历史。

刘凤翥先生却认为契丹文字已经比较完善，只不过它失传得太久了。尽管如此，契丹文字显然受汉字的影响，大部分是由汉字偏旁组合而成。这是否说明契丹王朝通过吸收多种文化而具备了相当高的文明程度呢？在云遮雾绕、扑朔迷离之中，文字已经难以提供更多的信息，要更多地了解契丹，只有另辟蹊径。

叁

地上与地下的文物

1985年，从内蒙古通辽市传来一个令人惊喜的消息，那里发现了一座契丹公主与驸马合葬墓。一方面，这是一座少见的没有被盗墓者光顾的墓葬；另一方面，墓主人身份显贵，可能埋藏着不少有考古价值的文物。契丹文明笼罩在神秘的金色面具之下已经太久了，人们期待着有重大的考古发现。当“天书”一般的契丹文字不足以传达历史的时候，当时间早已把古老的记忆磨平的时候，考古就成了超越时空的隧道，这可是携带着大量随葬品的墓主人万万想不到的。学者们从这墓葬中又会发现什么呢？

一个世纪以前，阳光曾经在中国北方照耀着一个叱咤风云的民族，他们呼啸而来，威风八面，空气中到处都震荡着一个响亮动人的名字——契丹。然而700年前，阳光依旧，空荡荡的大地上却只剩下了契丹的传说。人们拾起一片片落叶，却再也凑不成当初那棵参天大树。契丹真的曾经辉煌过吗？一个强大的民族，为什么骤然间烟消云散了呢？

原通辽博物馆馆长希木德先生是当年主要的考古发掘人员，墓中每一件无价之宝都是经过他的手与世人见面的。

墓穴分前室、后室和两个侧室，分别陈放墓主人的遗体以及陪葬品。这种丧葬制度明显受中原文化的影响。虽然墓中的尸骨已经风化，但包裹他们全身的银丝网格和盖在头上的黄金面具却永远记录了他们生前的雍容华贵。墓中文物从金器、玉器到生活用具也都精美绝伦，体现了当时高超的工艺水平，从一个侧面反映了骑马打仗之外的契丹。然而，这不过是一个贵族墓葬，由契丹人建立的整个辽代是否也是这样丰富多彩呢？

除了地下文物，在黄河以北的大地上.至今还保存着许多古代佛寺和佛塔。细考年代，居然许多都和900年前的辽代有关，有的始建于辽，有的在辽代翻修过。它们巍峨雄伟，近千年来依然坚固挺拔。尤其山西省应县的释迦塔，是全世界现存最高、最古老的木结构塔式建筑，历经多次地震而不毁。这不得不令人相信，创造如此辉煌文明的民

>>辽陈国公主墓远景

女真： 我国古老北方民族之一。远祖可追溯到春秋战国时期，当时称肃慎。这个民族在不同的时代有不同的名称：两汉时称挹娄，南北朝时称勿吉，隋唐时称靺鞨，到辽宋才被称作女真。他们的活动地区包括了黑龙江流域和松花江流域。

族，一定有相当的经济基础和雄厚的工程力量。与此同时，也可以看出契丹王朝对各种文化兼收并蓄的务实政策。除了大量吸收中原汉族人才以外，还通过和宋代的贸易获得先进的生产技术。由此不难想象，契丹王朝并非都是“天苍苍、野茫茫”的景象，那马背上的枭雄，确实在中国北方开创过一派繁华的景象。然而，由此却引出一个更大的谜题：这样一个盛世王朝，为什么没有一脉相传、流芳百世呢？

肆

辽代灭亡

契丹王朝的灭亡不难从史书中查到，据记载，辽代和北宋对峙了长达160多年，其间你争我夺、打打和和。出人意料的是，最终灭掉辽代的并不是宋代军队，而是曾经归附于契丹的女真人。女真首领完颜阿骨打在辽代的疆域内攻城略地，并于1 115年建立金朝。10年后，盛极一时的契丹王朝就被金代取而代之了。一部分幸存的契丹人在皇室成员耶律大石率领下被迫向西迁移，在如今的中国新疆和中亚地区建立了西辽，又称哈喇契丹国。这个帝国也一度强盛，但最终又被成吉思汗的蒙古大军所灭。之后，契丹最后的残余势力虽然又在今天的伊朗南部建立了起儿漫王朝，但不久还是在黄沙弥漫中完成了契丹人绵延近千年的历史使命，在异国他乡销声匿迹了。然而，这还不是问题的所在。

>>辽陈国公主墓出土的莲花纹白瓷盖罐

在中国历史上，虽然改朝换代频频发生，你方唱罢我登场，但无论谁掌管权力，原有的文化传统总能代代相传。然而契丹王朝覆灭后，却为什么连整个契丹文化，甚至契丹民族都随之消亡了呢？

历史需要分析。从公元907年契丹王朝建立到1271年元代建立，短短300多年间，中国出现了辽、北宋、西夏、金、南宋和元等朝代。这是中国历史上一个非常特殊的时期，由于取得统治

耶律楚材（1190~1244）： 金与蒙古国官员。契丹族，字晋卿，号湛然居士。契丹皇室后裔。后随成吉思汗西征。窝阔台（元太宗）时，为中书令（主管文书的必赤），主持制定仪礼，并多次谏阻蒙古军屠城，实行赋税制。尊孔重儒。著有《湛然居士集》《西游录》等传世书籍。

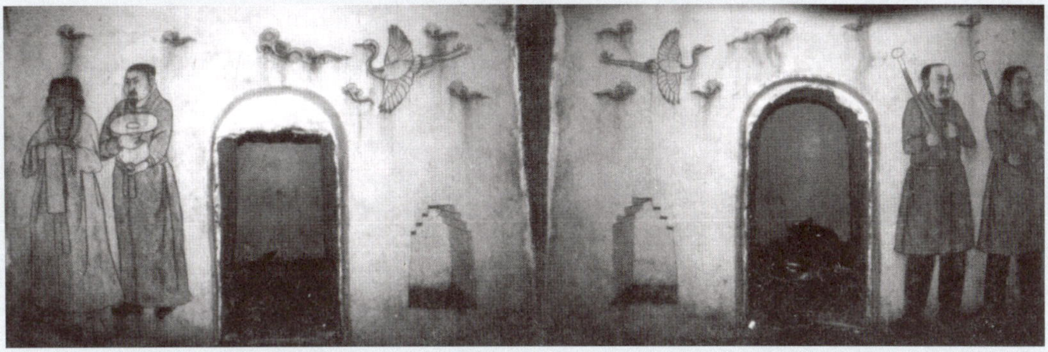

>>辽陈国公主墓墓室壁画（东壁壁画与西壁壁画）

地位的人分属不同的民族，因此朝代更迭就不仅仅是换个皇帝，整个民族地位和相关文化都发生了转换。女真人的金代取代契丹人的辽代之后，曾下令清除那些反抗的契丹人，其中一次见于史书的杀戮就持续了一个多月，很有可能契丹文化也在这时遭到舍弃。

以文字为例，金代刚建立时，并没有本民族文字，只好沿用汉字和契丹文字。当女真文字参照汉字创立后，金代皇帝就下令废止了契丹文字，契丹字由此失传。以此类推，契丹文化的衰亡也就不难理解了。然而费解的是，契丹作为一个民族，金代统治者不可能把他们赶尽杀绝，为什么也在历史记载中渐渐消失了呢？

伍

契丹人哪里去了

辽代灭亡后，难道所有契丹人都迁移到了西域？显然不可能。据史书记载，至少还有两大部分契丹人留了下来：一部分是契丹末代皇帝的追随者，另一部分是聚居在辽代南京城附近的契丹人，再加上散居各地的契丹军民，数量绝非少数。难道他们从人间蒸发了？不断出土的文物就是他们留下的脚印，说明有的契丹人被女真人降服，有的向北回迁到契丹的发祥地，也有人和北方其他民族逐渐融合为一体。进一步考古证明：在整个金代，契丹人不断举行起义。当蒙古族兴起后，契丹人纷纷投靠，想借助成吉思汗恢复本民族的地位。也就是说，到元代初期，契丹人的势力仍然十分强大。那么，他们到

颐和园： 清代皇家花园和行宫，前身是清漪园。始建于1750年，1764年建成，面积290公顷，水面积约占3/4。它集历代皇家园林之大成，荟萃南北私家园林之精华，是中国现存最完整、规模最大的皇家园林。

底衰亡于何时呢？

在北京的皇家园林颐和园中，有一处不为游人注意的古迹——耶律楚材祠，耶律楚材墓就在其中。从耶律的姓氏上就可以断定墓主人是契丹人。然而在他出生时，辽代已经消亡65年了，成吉思汗的蒙古帝国统治着中国北方。当时，不同种族的等级制度非常严格，契丹人在4种等级中排行倒数第二，处处面临歧视。但耶律楚材却非比寻常地得到成吉思汗的刮目相看，不仅得到重用，还曾经担任相当于宰相的高职，为蒙古人的治国方略出谋划策，被誉为“社稷之臣”。但出乎意料的是，这样一位才华横溢的契丹人，却在辽代消亡仅仅几十年之后竟然忘却了本民族的文字。契丹文化的衰落是如此之快，以至于耶律楚材要重新学习契丹文字。

在耶律楚材撰写的《湛然居士文集》中，也曾经提到他在西辽学习契丹文字的经历。

耶律楚材的努力可谓用心良苦。他学会了契丹文字，却几乎没有使用的机会。在他去世后，史书中有关契丹人的记载也只剩下了片言只语。耶律楚材成为契丹人最后的亮点。契丹彻底失落了。到了700年前，就是踏破铁鞋也难寻契丹了。时至今日，在中国56个民族大家谱中，虽然不乏人口稀少的小型民族，却没有当年响当当的大契丹。他们真的销声匿迹了吗？会不会还以某种形式夹杂在今天的人群中呢？

在内蒙古巴林左旗，一片荒草之中隐隐约约暴露着一处古代废墟。废墟旁的公路上车水马龙，却很少有人停下脚来看看路旁的这块石碑，这里正是辽代上京城的所在地——当年契丹人耶律阿保机建立辽王朝后的第一个首都。据史料记载，900年前这里曾经商贾云集，喧嚣繁华。然而，如今经常光顾这里的只有牧马人的足迹了。是什么原因导致那一段如火如荼的历史消失得如此苍白呢？那些充满血性的契丹人真的踪迹全无了吗？

陆

历史上的契丹人和他们的后裔

多亏历史上的契丹人对绘画情有独钟，今天的人们才有幸从出土的辽代壁画上对契丹有一个形象的认识。首先，他们的服饰并不像想象的那样特别，和当时的汉族服饰大同小异，大概这也是文化融合的结果。然而从发型上看，那种被称为髡发的发型却是中国北方游牧民族所特有的。此外，壁画中常有马匹、猎犬、野猪、骆驼等形象，充分反

>>辽上京遗址（航拍）

映出契丹人以游牧、狩猎为主的生活方式，如此的生动传神，怎么会在今天杳无踪迹呢？人们难免想入非非，甚至产生种种猜测。

通辽人希木德认为，“经过多年的考古，特别是对辽墓的发掘，我发现，咱们哲盟和通辽，就是赤峰的蒙古族，特别像契丹墓里面出土的壁画的那个形象，特别像。他们的眼睛一般都是单眼皮多，脸型是圆的，眉骨较高，鼻子比较塌，就是扁平的鼻子。再一个就是赤峰、通辽的蒙古族里面，姓萧的比例比较大，我觉得他们应该是辽代萧太后传下来的。我是蒙古族，我认为，我与契丹人有着一定的血缘关系，在我身上还流着契丹人的血。”

希木德的观点虽然缺乏依据，但他的推测一下子把700年前的契丹人拉到了眼前。虽然通过外表和姓名把内蒙古东部居民和契丹人联系在一起难免有些简单化，然而他的确表达了一种可能：就是经过长期演变，契丹后裔会不会以其他民族的形态存在下来了呢？在中国漫长的文明史上兴衰沉浮的何止一个契丹民族，各民族之间的相互融合从来就没有停止过。也就是说，那些消逝的民族很可能还以某种形式延续到今天，或许他们就在我们身边，或许契丹的基因还保存在子孙后代身上。这也正是学者们所关注的。

据专家测算，辽代时的契丹人口最多曾经达到150万，在当时绝对是一个大族。虽然经过战争、迁徙和民族融合，契丹人口数量急剧减少，但减少不等于灭绝。幸存下来的契丹人还会继续繁衍生息，传宗接代，后继有人。然而，这仅仅是理论上的推测，即使契丹后裔真的存在，中国幅员辽阔、人口众多，又到哪里去寻找他们呢？

北京，在契丹统治时期是辽代人口最多的城市。然而今天，除了夹杂在现代建筑中的天宁寺塔以外，辽代遗迹已经很少了。辽金时期留下的土城墙也失去了当年的辉煌。固定的文化遗产尚且如此稀少，何况流动的人口呢？北京上千万人口中，充满各种乡音口语，却难以寻觅契丹人的音容笑貌。

陈述先生是中国知名的辽金历史专家，他也把寻找契丹后裔的工作集中到现存的中国北方民族身上。他发现辽国灭亡后，有一支残余的契丹部落向北回迁到契丹祖先的发祥地，也就是今天的黑龙江上游和内蒙古自治区东北部一带。而在那一带，至今还生活着一个只有十几万人口的民族达斡尔族。这仅仅是巧合吗？

陈述先生注意到，虽然有关达斡尔族的记载并不久远，但200多年前官方修订的一本有关辽史的书中却把契丹人的一支“大贺氏”改称为“达呼尔”,“达呼尔”正是达斡尔族的谐音。是写书人搞错了，还是达斡尔族就是契丹大贺氏的后裔？为此，陈述先生通过长时间的研究推断达斡尔族很可能就是契丹后裔。然而遗憾的是，由于缺少直接证据，直到陈述1992年去世，契丹后裔之谜依然若隐若现。寻找证据的工作在很大程度上由他的学生刘凤翥先生接了过来。

>>山西应县佛宫寺释迦塔中的壁画（供养天女）

2000年8月，刘凤翥先生来到中国唯一的达斡尔族自治旗——内蒙古莫力达瓦。

在莫力达瓦，一场别开生面的曲棍球比赛让刘凤翥似乎看到了达斡尔族和契丹人藕断丝连的关系。在传说中，契丹人不是也有这样的娱乐活动吗？

此外，达斡尔族信奉的萨满教以及对祖先的敬仰方式也和当年的契丹人相似。但这种基于零散记载和民间传说的相似是否可靠呢？

不同的是，古代契丹人是有文字的。刘凤翥还注意到，达斡尔族的民族服装更接近于蒙古族，因此，他们是否和蒙古人更接近，根本就和契丹无关呢？就是达斡尔族所信奉的萨满教，也并非契丹独有，而是中国北方游牧民族的普遍信仰。所以有的达斡尔人并不同意自己是契丹后裔。

虽然学术界大多承认达斡尔族和契丹有某种关联，但还是难以断言达斡尔族就是契丹后裔。契丹后裔到底在哪里呢?

很长一段时间内，追寻契丹后裔的工作徘徊不前，零零散散的希望也如同昙花一现。就在人们逐渐转移注意力的时候，1995年，辽宁省阜新市一份不大的学术刊物刊登了一篇文章，说阜新蒙古族自治县王府镇叶长青家中珍藏着两份家谱，肯定其族源出自耶律氏。他们的姓氏“叶”就是“耶律”的谐音。

在叶长青家所在的王府镇，辽代时这里确实是契丹人的聚居地。叶长青的家谱中也确实说他的祖先姓耶律，但出人意料的是叶长青并不认为自己是契丹后裔。

对于叶长青的说法，学者们却不以为然，他们更看重的不是某种观点，而是证据。

到底谁错了呢？由于当事人自己否定，研究工作只好不了了之。但学者们坚信：假如叶家就是契丹的血脉，那么契丹后裔就可能不止一两个人。但他们又在哪儿呢?

有人忽然想起，早在1993年，《内蒙古大学学报》就曾经发表一篇文章，声称在西南边陲云南省发现了契丹文字。或许因为过于难以置信，当时并没有引起轰动。但当人们重新审视时，不禁产生一种期待，在契丹故地2 000千米以外的云南省会不会真的存在契丹后裔呢?

柒

云南发现契丹字

云南，位于中国西南边陲，在这样一个不算大的省份中，却包含着26个民族，是中国民族种类最多的省。然而1993年，却从这里传出一个惊人的消息：在施甸县县城以东的长官司村发现了一个古老民族的文字——契丹字。与此同时，相当一部分村民自称他们就是人们苦苦寻找的契丹人后裔。一时间，学者们多少有些困惑。此前，人们对契丹人的直接认识是在出土的辽代壁画上，而在云南的26个民族中并没有发现契丹人的踪迹。然而人证物证俱全，难道历史上契丹人消失之谜真的由此破解了?

1 000年前，契丹人在中国北方建立了辉煌一时的辽王朝，但它只存在了200多年就消亡了。随后，整个契丹民族也逐渐淹没在历史长河中。从20世纪早期开始人们就在追寻契丹后裔的去向，却一直没有明确的结论。没想到契丹后裔的线索从云南冒了出来。然而当年辽代疆域只局限在中国北方，他们的文字和民族怎么会跑到2 000多千米以外的云南呢？尽管如此，云南的发现还是给寻找契丹后裔的工作带来了一线希望。

第一个在云南发现契丹字的是云南民族学院的杨毓骧。他从年轻时就开始跋山涉水收集云南各民族的资料。20世纪80年代，他到施甸县摆榔乡进行民族调查时就听说那里的布朗族中有契丹后裔。大概听起来太过玄妙，当时的他并没有放在心上。1990年3月，当杨毓骧再次来到施甸县时，长官司村的蒋姓村民带他来到蒋氏祖先阿苏鲁的墓前，墓碑上除了汉字以外，还有两个奇怪的符号引起杨毓骧的注意。杨毓骧凭直觉认为这是一个重大发现，就把墓碑拓了下来。它们真的和契丹有关系吗？

杨毓骧等人在施甸文物管理所找到了刘凤翥等专家撰写的《契丹小字研究》。

结果令他们兴奋，在这本书中他们果然查到了墓碑上的两个契丹字，组合起来就是“长官”的意思。根据家谱记载，墓主人阿苏鲁正是明代初年在施甸任职的父母官，坟墓所在的村子也叫长官司，就是地方官衙的所在地。问题是，为什么墓碑上的其他文字都是汉字，唯独“长官”两字是契丹字呢？阿苏鲁的后代们解释说那两个契丹字仅仅是一种标记，说明他们的祖先是契丹人，所以墓碑上的文字没必要都用契丹字。果真如此么？

云南发现契丹字的消息传开后，不少学者前来一探虚实。契丹文字专家刘凤翥先生也收到一幅别人送来的拓片。

刘凤翥开始对云南契丹字进行仔细的研究。

经过与《契丹小字研究》对比，刘凤翥对云南契丹字产生质疑，阿苏鲁墓碑上的契丹字会不会是后人补刻上去的呢？杨毓骧发现它们的时间是1990年，而早在1985年，《契丹小字研究》这本书就出版了。是否有人从书上摘取了两个字刻到碑上去的呢？显然，这只是一种推测。除了文字以外，有没有其他更有力的证据呢？

面对重重疑问，杨毓骧于2001年10月重新来到施甸县。对于他来说，施甸具有某种特殊的意义，因为这里不仅是他多次涉足的研究基地，也是他的老家。他生于斯，长于斯，但越是熟悉这里，就越想亲手解开这里的历史谜团。

杨毓骧走村串户进行广泛调查。既然阿苏鲁墓碑上的契丹字存在争议，那么能否从墓主人本身找到答案呢？在施甸县的蒋、杨、李等姓氏的群体中，相当一部分民众认为阿苏鲁就是他们的祖先，他们纷纷拿出不同版本的家谱作为证据。

当地人蒋文智收藏的家谱最为全面，他家的家谱第一页就是一幅青牛白马图。蒋先生解释说，它反映了契丹祖先在北方时的生活方式。

>>内蒙古巴林右旗东陵壁画（契丹人物）

除了耶律阿保机以外，家谱中说阿苏鲁是他们这一支云南契丹后裔的祖先。

虽然当地民众普遍认为阿苏鲁就是契丹后裔，但史书中却缺少对他的明确记载。再说，家谱中的阿苏鲁生活在600年前的元末明初，当时辽代已经灭亡200多年了，就算阿苏鲁是幸存者，他又是怎么跑到遥远的云南来的呢？

在施甸县档案馆，陪同杨毓骧工作的施甸文管所杨所长，从《元史》等史书中查到了依据：辽代灭亡后，相当一部分契丹人先后投奔强大的蒙古势力，并随同忽必烈率领的南征大军远涉云南，其中耶律忙古带在云南屡建战功，最为有名。

在云南大理，至今还保存着相当完好的古城墙。古城西门外，有一块被国家当作重点文物保护起来的石碑——忽必烈征南碑。它无可置疑地见证了蒙古大军确实曾经横扫云南。然而，忽必烈在大功告成后就返回了北方，蒙古军队和参与其中的契丹人是否也一同北撤了呢？幸运的是，在今天的云南境内，居然还有一个蒙古族自治县——通海县，这里的居民和当年的蒙古大军有没有关系呢？

出生在云南通海的蒙古族妇女，尽管制作销售的本民族服饰和北方蒙古族服饰大为不同，却认为祖先是随忽必烈来到云南的。

既然蒙古人的后代依然生活在云南，蒙古军队中的契丹人很可能也有后人存在于云南。虽然通海县的蒙古族早已放弃了祖先的游牧生活，从住房、饮食、服饰上也都远远不同于北方草原上的蒙古族，会说蒙古话的人更是微乎其微，但他们和北方蒙古族却拥有共同的祖先。以此类推，即使契丹后裔早已适应了云南的环境和风俗习惯，他们或许并没有消失。然而学术界却有不同看法。有学者认为，即使有契丹人留在云南，也早已融合不见了。

无论如何，契丹人确实来过云南，而且在那位契丹将军忙古带的部下中，很可能有一部分人留了下来。问题在于，埋葬在施甸长官司的阿苏鲁是否像人们所说的那样和忙古带有关系。

虽然缺少确切的历史依据，但为什么施甸县有那么多人都自认为是契丹后裔呢？难道祖祖辈辈口耳相传的所有故事都是空穴来风吗？那些历历在目的家谱也不可能都源于捏造。杨毓骧又开始从更多的方面寻找契丹后裔在云南的线索。

耶律阿保机（872~926）：辽代第一位皇帝，被称为辽太祖。907年被选为部落联盟的首领，连任九年。利用汉人，采纳他们的建议，决定将选举制度改为世袭，并伏杀不满的部落首领的反抗（诸弟战乱），统一契丹

捌

传说的背面

1996年8月5日，一辆长途客车从云南省会昆明驶往施甸县，车上坐着一位名叫蒋蔚复的长者。第二天，那辆长途客车却没有到达施甸，蒋蔚复也下落不明。不久，人们得知那辆长途车不幸翻到了江中。几天后，蒋蔚复先生的遗体终于被找到，但他随身携带的一整箱有关云南施甸存在契丹后裔的证据却随波逐流，再也找不回来了。于是，云南省有没有契丹后裔变成扑朔迷离的难题，剩下的只是零散的家谱和传说。在传说背面，到底隐藏着怎样的事实真相呢？

在施甸政府机关工作的蒋启坤是蒋蔚复的儿子，他接受过良好的教育，或许因为观念不同，他很少关注长辈们追寻祖先的事情。但那场车祸震动了他，难道父亲为之付出生命的祖先之谜真的因为证据流失而难以破解吗？于是，当2001年10月云南民族学院的杨毓骧来施甸开展调查后，他成了最积极的协作者。蒋启坤的老家在施甸木瓜榔村。和长官司村一样，这里也居住着不少自认为是契丹后裔的村民。

在离蒋启坤家老宅不到100米的地方有一座名叫武略祠的蒋氏祠堂，逢年过节、婚丧嫁娶，村民们都要来这里叩拜祖先。据说，这座祠堂是几百年前的契丹祖先传下来的。但如何证明呢？

杨毓骧发现在祠堂的厢房有几幅壁画，画着老鹰、黑马、白虎。这些动物不仅南方有，中国北方也有，而且契丹王朝对鹰和马的宠爱更是有过之而无不及。它们会不会有某种关联呢？

更令人吃惊的是，在武略祠一扇木窗上，雕刻着的人物很像北方辽墓出土的象牙契丹人像，他们有类似的发型和体型，也有相近的生殖崇拜。人们由此推断它们是契丹祖先带到云南来的。然而它们毕竟只是相似，还需要更可靠的依据。

在这些虔诚的人群中，杨毓骧忽然发现一个看似简单的问题：为什么他们的姓氏分别姓蒋、杨、李等，而他们敬仰的祖先阿苏鲁却姓阿？虽然在中国漫长的历史演变中改名换姓的情况并不少见，但总有一定的原因。假如他们真是契丹后裔，就应该对改换姓氏有一个明确的解释。

各个部落。916年登基称皇帝，立国号契丹（后来被改为辽），还令人创立契丹文字。建国后继续进攻其周围的国家，渤海国、室韦和奚分别被他们消灭。

在施甸自认为是契丹后裔的民众中，以蒋姓居多。蒋文智先生就是代表人物之一。他向杨毓骧解释说，他们的祖先原来姓阿，就像阿苏鲁一样。后来为了躲避战乱，契丹后裔隐姓埋名改姓莽。终于有一天，莽姓民众得到明朝庭的认可，又被赐姓蒋、杨等，从此传到了今天。为了表明自己姓氏的演变，施甸阿苏鲁的后代们都在本身的姓氏前加上阿、莽两个字，称为阿莽蒋、阿莽杨、阿莽李等。然而，这种说法却受到一些学者的质疑。

然而，杨毓骧却在施甸县找到了有可能导致契丹后裔改名换姓的依据。在施甸辖区内，有一处名为清平洞的历史遗迹。据史书记载，这里曾经是明代著名将领邓子龙戍边守土的指挥部。在洞里洞外的崖壁上，至今仍然可以看到邓子龙的亲笔题词，无可否认他在守卫边疆上做出的贡献，然而他也是明代对边疆民族进行强化统治的坚决执行者。假如云南确实存在契丹后裔，他们很可能在这一阶段出于保全自身而隐姓埋名，甚至会主动融入其他民族。由此，杨毓骧想起他曾经在布朗族山寨听说过的契丹后裔。

2001年11月，杨毓骧在阔别10多年后再次前往施甸深山中的布朗族山寨摆榔乡。翻山越岭，一路颠簸，如果在古代，偏僻的山寨一定是藏在深山人不知。村中的居民像当年一样载歌载舞地欢迎他。经过一番调查，他发现副乡长李凤梅家就是一户自认为是契丹后裔的布朗族家庭。

据李凤梅的说法，祖上是契丹人，为躲避战乱逃进深山，现在是布朗族，姓李，祖坟在长官司。

李凤梅的说法是否可信，从她本人身上似乎找不到破绽，而且李姓不是布朗族的传统姓氏，她的祖先很可能是后来加入布朗族的。杨毓骧还发现，施甸自认为是契丹后裔的民众都把长官司村作为祖先在云南落脚的中心地带。那么在那里，会不会找到更多有关契丹后裔的证据呢？在蒋文智的带领下，杨毓骧又在长官司村进行了更深入的走访。

这一天，杨毓骧在长官司一户村民家看到一本抄写在木板上的蒋氏家谱。虽然木板早已残破，上面的字迹却依然清晰。令杨毓骧意外的是，这本家谱的收藏者告诉他一个和他有关的故事。

家谱收藏者说，这本家谱是杨毓骧的祖父帮助抄写的。

施甸是杨毓骧的老家，他对这里的山山水水、乡里乡亲十分熟悉，却还是第一次听说自己的祖父曾经为阿苏鲁的后代们做过一些不忘祖先的事情。没想到自己无意中延续了长辈所做的工作。不同的是，今天追寻契丹后裔的工作已经变得十分客观而严谨。因此，虽然这本家谱是祖父抄写的，但它仍然不足以证实契丹后裔的真实存在。

长官司衙门旧址建在一座小山上，山下有两条小溪，从一位蒋氏长者那里，杨毓骧听到了小溪的名称。

杨毓骧敏感地觉得那位长者称呼小溪的发音很像中国北方某些民族对小溪的称呼，这是否说明一些契丹语言或多或少在云南保存下来了呢？

在长官司村后面的小山上，有一片整齐的松树林，显然是人为种植的。蒋文智先生说古时候这里曾经是一片平地，是他们的契丹祖先操练跑马射箭的地方。

不仅如此，蒋先生还说树林旁的这片水塘就是祖先在操练跑马射箭后让马匹饮水的地方。这一切似乎都说明契丹后裔确实存在。然而，它们同样都是源于传说。杨毓骧明白，还必须寻找更加实实在在的证据。然而又到哪里去寻找呢？

蒋文智同样十分着急，如何才能板上钉钉地证实自己的祖先就是契丹后裔呢？他想到了考古。在长官司村后面的大山中还有不少古代墓葬，如果通过考古挖掘发现一些直接证据，答案不就清楚了吗？杨毓骧听说后也急于探个究竟。在施甸文物管理所的考古人员协同下，蒋启坤、杨毓骧等人天刚亮就上了山，等待他们的将是什么呢？

玖

永久的印记

2001年11月的一天，在云南省施甸县大红墓山上，有几个人趟着露水在荒草中寻找着什么，其中一位长者就是杨毓骧。他们要找到传说中埋葬在这里的契丹人墓穴，并进行考古发掘。费尽周折之后，他们终于发现一块墓碑，但碑上的文字却难以辨认。于是，在文物部门协作下，挖掘工作开始了。这墓穴中到底埋藏着什么？它真是契丹人的墓葬吗？

从规模上看，这里的古墓并非达官显贵的墓葬，但这并不重要，人们关注的是墓主人是不是契丹人。如果得到肯定的答案，就说明施甸县那些自称是契丹后裔的民众并非无中生有。然而，遗憾的是，打开的墓穴中却空空如也。人们大失所望。

很快，心有不甘的人们又发现了另一处墓穴。掀开墓碑，它的结构和前一座墓完全一样，难道又是空墓吗？扒开层层浮土和木炭灰，人们终于看到一个完整的陶罐，它应该就是盛放骨灰的火葬罐。杨毓骧马上联想到在北方出土的契丹墓葬中也曾经发现大量骨灰罐。不仅外观类似，连大小都几乎一样。这样说来，墓主人或许真的是契丹人，而且他们一定在这里生活过相当长时间。他们的后代也就有可能仍然存在。问题是，云南的其他民族中是否也有火葬的习惯？

骨灰罐终于挖了出来。然而，倒扣在陶罐上的瓷碗又带来新的悬念，彻底打开契丹后裔之谜的钥匙是否就在其中呢？瓷碗被小心翼翼地取了下来，人们看到的还是土。掏出泥土，终于发现骨灰，却看不出有什么奇异之处。就在这时，一种黄金特有的光芒引起了人们的注意——骨片上有图案，接着又发现朱砂色的图案。杨毓骧大惑不解，它们是神秘的符号，还是某种文字呢？假如是契丹字，一切问题不就迎刃而解了吗？大家当即决定，把这些骨片和墓碑一起带回去，请专家进行分析解读。然而，在学术界首先受到质疑的是火葬罐。

持反对意见的专家认为，云南其他民族中也普遍使用火葬罐。

也就是说，仅凭骨灰罐还不足以断定施甸古墓是契丹人的墓葬。于是，杨毓骧等人又把墓碑上的碑文拓了下来，准备请文字专家加以鉴定。

几个月后，中国契丹文字专家刘凤翥收到了从云南施甸带来的墓碑拓片和画着图案的骨骼，并立刻展开了分析。

刘凤翥认为，墓碑文字是梵文。

虽然是梵文，但来源于古印度的梵文是随着佛教在中国传播的。契丹人统治的辽代恰恰也是佛教盛行的时代，在中国北方曾经发现过不少辽代梵文佛经，就是说，远征云南的契丹人可能也会使用梵文。然而几乎和辽代同时，云南各地同样流行梵文，很难说施甸古墓的墓主人到底是谁。那么，那些骨灰上的图案又说明什么呢？

刘凤翥在研究骨灰上的图案后得出结论，认为有关契丹后裔的所有依据都不过硬。这结果难免令人失望，但科学的结论必须严谨。到此为止，虽然所有依据都倾向于云南可能存在契丹后裔，人们几乎触摸到了契丹人的音容笑貌，但仍然缺少经得起推敲的直接证据。难道这一历史悬案就这样永远悬在空中了？就在这时，中国社会科学院陈智超研究员提出了一个想法，能否依靠现代科学手段协助寻找契丹后裔？陈智超的想法得到了中国协和医科大学的支持，决定通过相关人群的DNA对比研究契丹后裔的去向，项目负责人为刘春芸。随后，这项研究成为国家自然科学基金的资助项目。项目报告中明确写着研究目标是证实现代自称的契丹后裔和契丹古民族的族属关系。

到目前为止，学术界认为最有可能是契丹后裔的就是中国北方的达斡尔族和云南施甸那些自认为是契丹后裔的群体。那么，要确定这种推断的准确性，就必须提取他们的遗传基因DNA，再与契丹古尸的DNA加以比较。如果十分接近，就可以断定他们有某种亲缘关系。

研究人员首先来到内蒙古莫力达瓦达斡尔族自治旗，在当地达斡尔中学的配合下，提取了56名达斡尔族志愿者的血样。随后，研究人员又到云南省施甸县，从那些自认为是契丹后裔的人群中抽取血样。然而，当年远征云南的元代大军都是军人，没有家眷，其中留在云南的契丹人只能和当地其他民族通婚。经过几百年的跨族婚姻，契丹人的基因还有多少会遗传下来呢？

在北京的研究机构，工作人员开始从血样中提取DNA。然而，到哪里寻找古代契丹人的DNA呢？在内蒙古赤峰地区，近年来出土了不少契丹古尸。在获得文物部门批准后，研究人员从10具古尸中得到了骨骼、牙齿、毛发等样本，其中最理想的样本来自于一具保存完好的契丹女尸。采集样本的工作必须小心翼翼，一旦样本被污染，就会影响测试的准确性。

然而问题依然存在，在达斡尔族和云南自称是契丹后裔的居住范围内，还生活着蒙古族、鄂温克族和汉族等等，那么谁的DNA和契丹人更加接近呢？因此，必须同时测试相关民族的DNA以做参照。

经过复杂的测试，结果终于脱颖而出。就像成果报告中所说，最接近古代契丹人DNA的正是达斡尔族。而云南自称是契丹后裔的群体，也就是报告所说的“本人”，他们的DNA接近达斡尔人，因此他们很可能和达斡尔族有相似的父系起源。

结果一出，延续了500多年的契丹后裔之谜似乎从此破解了。从20世纪初开始，几代科学家为之苦苦追寻，没想到在今天只用了不多的研究经费就得出了结论，令人难以置信。许多人都会想，契丹后裔真的找到了吗？

在那份研究报告中，研究人员承认由于从契丹古尸中只成功提取了7份DNA标本，从而影响了对契丹后裔推断结果的可靠性。而且对达斡尔族和云南自称的契丹后裔来说，他们的DNA毕竟只是和契丹人相近，但相近不等于相同，其中仍然存在差异。也就是说，还不能简单断言已经找到了契丹后裔。毋庸置疑的是，现代科学技术的确为考古和历史研究提供了更为科学和便捷的手段。契丹后裔之谜终将破解。

在一切高速发展的今天，人们行色匆匆、擦肩而过，但谁能说彼此之间没有源远流长的亲密关系呢？辽代消亡了，契丹人也远去了，但他们的血仍然流淌在我们体内，他们创造的文明也仍然被后人享用着，那是永远的印记。